JN107994

二見 剛史

中国人留学生の父

松本亀次郎研究

—学問観と教育実践を中心に—

学文社

# 緒　言

A Golden Decade Forgotten: Japan-China Relations 1898~1907 とは Douglas Reynoldes（米国の研究者）が示した歴史表現である。

私たちは 1988 年 10 月北京で開催の中日関係史研究会第 1 回国際学術討論会に招待され，汪向栄教授から研究発表を要請された。筆者のテーマは「京師法政学堂時代的松本亀次郎」とする。6 日間にわたる大会中，Reynoldes 氏らと連れ立って北京大学等も表敬訪問をした。後に出版された氏の高著の中にGolden Decade が刻印されていることを確認，日本人としても大きな感銘と励ましを受けた。

日中友好の歴史を前向きにとらえ「蜜月」ともいうべき良き時代が現存していた史実を大事にして，互いに尊敬しあう国家間の関係を認識し，親善友好を深めてゆけば，自然に世界平和への道も拓けそうな気がしてくる。

北京大会で筆者が取り上げた発表テーマの日本人教師松本亀次郎は，生涯を「中国人留学生教育」に捧げた人で「日中両国から高く評価されている研究者兼教育家」である。没後 75 年経つが，今も，日中関係の学問的旗手として注目されており，筆者もライフワークにして約半世紀を閲する。

日中関係史上「黄金の十年」を教育文化の具体的交流として跡づける場合，

① 清末教育改革における日本モデル

② 中国人の日本留学

③ お雇い日本人教習の活動

に集約されたのが阿部洋教授。『中国の近代教育と明治日本』（1990 年）の中で，日本人教習の一人，松本亀次郎にも言及されている。

日中友好史に関する先人の見識を再確認すれば，早稲田大学の実藤恵秀教授

による先行研究が異彩を放っている。筆者はご生前拙稿をお送りし教えを乞うたことがある。

　その折，「日本人教習として渡中していなければ，松本自身の実践理論はそれほど高められていなかったかもしれないですね」と申し上げたら「二見さんは良いところに気がつきましたね」と共感してもらえた。「清末民初期における日中友好関係が築かれていなければ松本の教育・学問観，研究者としての使命感は高い域まで達していなかったかもしれない」と気付かせていただいたわけである。国際的学術交流は，相手国への認識と尊敬の念が前提になければ研究目的を達成できない，と教えられたような気がした。

　松本亀次郎研究は，その後，静岡県の平野日出雄『日中教育のかけ橋―松本亀次郎伝―』(静岡県出版文化会編集，1982年)や武田勝彦『松本亀次郎の生涯―周恩来・魯迅の師―』(早稲田大学出版部製作・大東町教育委員会発行，1995年)にまとめられている。両著作とも豊富な史料を駆使して，伝記風にあるいは文学的な表現も駆使しながらわかりやすい著述となっている。


　さて，筆者の研究動機は国立教育研究所編『日本近代教育百年史』(全10巻，1974年)』の中で「高等教育―大学予備教育―」を執筆し，同時に同研究所で「アジア人留学生に関する総合研究」のメンバーに入り，その後，日本大学教育制度研究所での個人研究を加えながら学会発表や紀要執筆を重ねたのち，1980年4月鹿児島女子大学へ異動した。Uターンまでに8編(その後2019年までに著作・論文等約30編，学会・講座発表17回)を数える。

　松本亀次郎研究に関する最初の学会発表は1974年11月の関東教育学会(茨城大学)で，テーマは「戦前アジア人留学生の研究　その3　日華学会の創立と東亜高等予備学校」である。そのあとも2年おきに松本研究の成果を報告していった。静岡県大東町公民館講座でのテーマは「日中交流と松本亀次郎」で，北京発表の3週間前(1988年10月3日)になる。

　1988 年 10 月 24 日北京空港到着，約 1 週間の一人旅，国際的な研究の舞台が筆者にも与えられたのである。そこでの発表体験をふまえて 1994 年夏，NHK の ETV 特集のコーディネーター・案内役を依頼された。佐賀局と福岡局による共同製作で，翌年が敗戦 50 年になるのを機に 94 年中に NHK では 1 本まとめておきたい意向とのことで，同年初期に筆者は〈論文集成〉を冠し B5 判 336 頁の私家版をまとめ NHK に提供したのが役立ったようだ。現地北京では汪向栄教授と 6 年ぶりの再会ができた。

　松本亀次郎の評価が中国からやってきたのは 1979 年である。周恩来夫人の鄧穎超氏が来日，周総理の遺言として「恩師への謝意」が松本家に伝えられた。翌年『中国画報』5 月号には松本のことが「中国人留学生の良き教師」として掲載され，地元静岡県では「松本亀次郎資料館」が開館し，生家跡は記念公園となる。記念碑に「中国人留学生教育に生涯を捧げた人」と揮毫されたのは周恩来とも親交を有つ作家で静岡県出身者・井上靖である。NHK の ETV 特集「日中の道　天命なり」が全国放映されたのは 1995 年 8 月 23 日，「中日両民族は永久平和に還らなければならない」という松本の言葉が結実した日でもあった。

　先行研究を含めて，松本亀次郎の言行を集め分析し世界中に紹介するためにはこれからも多くの研究者が関心を持ち寄って学びあう必要があろう。松本精神はどのようにしてできたのであろう。

　本研究は，筆者が約半世紀にわたって考察を重ねてきた結果を松本理論として一つの流れに整理した試論である。幸い第一次史料が発見されたので，関係者に確かめながら執筆する。この際，論文集成ではなく，小さな伝記風に書き直してみることにした。


2021 年 2 月 18 日

鹿児島にて

二見　剛史

# 目　次

# 第1章

# 松本亀次郎の生い立ち

　1866（慶応2）年2月18日，静岡県小笠郡土方村上土方嶺向（現掛川市）に生まれた松本亀次郎。父市郎平（1827年生）と母みわ（1835年生・牧野文一の4女）との間には2男2女があったが，長男夭折のため亀次郎が家督を継いでいる。父は宮大工級のすぐれた木挽職で極めて朴直な人であった。母はどこかしっかりした性格の持主，上方村の実家を守り1924年4月9日，89歳の高齢を以て没した。父が77歳で他界したのは1903年8月の頃であるから，約20年の歳月を寡婦として送ったことになる。後述のとおり，松本が中国人教育に従事するのは1903年5月であり，その後北京に渡り，帰国後東京に居を据えて東亜高等予備学校を創設するわけだが，亀次郎を知る村人の証言によれば，彼は大変な親孝行者で，毎年展墓のため帰省し，晩年の1年余は郷里に疎開し生家を守った。平和な村のたたずまいのなかに，その生家は彼の蔵書類と共に保存されていたが，1990年頃遺品は大東町の「北公民館」に移され，住居の跡地には記念碑が建立され，2021年には「あづまや　鶴峯堂」が置かれている。

　松本の郷里は，静岡市と浜松市のほぼ中間にあり，現在掛川市として発展しているが，元来土方村と称する農村地帯であった。彼の幼少期はまさに明治維新の渦中にあり，四民平等の理念のもと国民皆学が奨励された時期にあたる。8歳のとき寺子屋宗源庵に入って住職樋口逸苗師に漢学の手ほどきをうけるが，これは，彼が比較的豊かな家庭の出身でもあったことを意味する。学制頒布にともない，寺子屋が廃止命令をうけた。そして1873年10月，嶺村ほか15カ

村連合の小学校が嶺村の長寿庵に嶺学校として開校される。教員には今井兼駿（旧幕臣）と浅井小一郎が同年 10 月 20 日付で任用された後，1876 年 4 月に樋口逸苗，1877 年 11 月に佐藤佐平，翌年 9 月に高橋謹一（旧幕臣）が任ぜられた記録が残っているほか，鈴木信吉や中島厳躬らの名前もみえる。松本亀次郎はそこの第一期生になった。嶺学校は 1875 年 8 月嶺向学校と改称，1879 年 11 月には天照寺に移転しているが，当時は「各付添人が机をもってきたものです。……松本さんは篤実で熱心な勉強家でした」と同窓の久保田虎吉は語っている。松本が入学した頃は児童数 50 名位だったというが，同校の記録によれば，入学者はその頃毎年 10〜20 人程度で男子が大半を占め，卒業生は 1879 年で 3 人（男 3・女 0），1880 年で 4 人（男 3・女 1），1881 年が 14 人（男 12・女 2）に過ぎなかった。松本は，創立当初の小学校で数年学んだ後，1877 年授業生にあげられている。正規の教員が少なかった明治初年ゆえ，12 歳にして訓導を補佐する補助教員となり年俸 3 円をもらったわけだが，これは，松本の学的精進の結果であろう。ちなみに授業生は欧米でいう pupil-teacher に相当し，のちの代用教員にあたる。

　増田実氏作成の「松本先生略年譜[1]」に依れば，松本はその後 1879 年中村小学校長浅井啻橘の下で教鞭をとり，1880 年嶺向小学校長高橋謹一の助手となり，1882 年大坂小学校長中谷治郎作（義兄）の下で育英に従うこととなる。齢わずかに 14〜17 歳の若い代用教員として勤務したわけである。後年静岡師範で同期となる林文平とは中村での，八木喜平とは大坂での同僚であった。当時小学校の正教員に就任するためには師範学校の卒業証書もしくは府知事県令による教員免許状が必要とされていた。中谷治郎作の場合を例にとると，1877 年 1 月笠間則敏の助手として松下市五郎・浅井仙蔵と共に大坂小学校に勤務したあと，1880 年 6 月静岡県教員試験において免許状を取得し正教員となり，1885 年まで同校に勤務しているが，この間，松下と浅井は静岡師範学校を卒業し，中谷の下で授業生に任ぜられていた八木や松本，水谷幸太郎も師範に進んでいる。静岡師範学校は 1877 年 6 月に初めて卒業生を送り出しているが，

松本が卒業した 1888 年は，4 月に 16 名を数えるのみであった。

　松本亀次郎を輩出させた時代と環境を紹介することは，以上の素描によって明らかなように，土方村を背景とする文化的土壌が彼に幸いした。すなわち，東海道宿駅の一つ掛川から南へ 3 里，戦国時代の古城高天神をとりまく山村が，維新の機運に促されて学校設立と人材養成に真剣に取り組んだ状況が推察できる。松本を終生に亘って励ます加藤定吉（代議士）・同安吉（医学博士）の兄弟，吉岡弥生（東京女子医学専門学校の創設者），鷲山恭平（報徳社副社長），角替九郎平（村長），といった友人も松本と同じ文化界命脈のなかで育った人材であった。

　松本亀次郎は孜々汲々の勉強家であり，どこまでも学究的であったと評されている。鷲山恭平は「石橋も叩かんばかりに渡る，頗る堅実なそして地道な歩み方で進む。学んで厭はず，教へて倦まず底の，純心誠意が，蓋し〔松本亀次郎〕翁を抽象する総てである」と述べている[2]。

　こうした松本の人柄は夙に表れている。師範学校入学前の勉強ぶりがその一つだが，彼は鶴翁山上の高天神社へ参籠して論語を暗誦したり，横須賀城下の漢学者常盤健のもとへ土方から往復 4 里の道を通いつめたというのである。高天神社の境内には彼の詠じた「もろ羽張り鶴のそら飛ぶ姿かな　たかま神山又の名 鶴翁山」の歌碑が建立されている。自らを「鶴峯」と号した文人が若き日，立志の念を刻んだ場所である。中谷治郎作の末娘栗田としの証言によれば，松本は受験にあたって中谷から数学の手ほどきをうけたという。

　松本を生み出した静岡県の文化的風土は，多方面における優秀な人材の宝庫であった。筆者は，調査や交流を兼ねて掛川市周辺に出かけ，松本亀次郎顕彰会の方々に同行して中国人とも会見を重ねているが，最初の『亀次郎伝』の著者・増田実氏から受けた印象は今も濃厚に心に残っている。松本亀次郎の七回忌法要にあわせ，伝記は嶺向報徳社の人々の手で公刊されたという。ちなみに，大日本報徳社の創設者岡田良一郎も掛川市出身である。

　近代学校発足の草分け時期，農業を主産業とする田舎で亀次郎の人生が始まったのである。

10

注）
1）増田實『郷土教育資料・松本亀次郎傳』城東学園，1951 年．pp.24〜26
2）同上書　序（鷲山恭平）　pp.5〜6

※　松本亀次郎に関する伝記類は，下記のとおりである。
　a．増田實『郷土教育資料・松本亀次郎傳』城東学園，1951 年
　b．平野日出雄ほか編『日中教育のかけ橋―松本亀次郎伝―』静岡県教育出版社，
　　　1982 年
　c．二見剛史『（論文集成）中国人留学生と松本亀次郎』鹿児島女子体育大学，
　　　1994 年
　d．武田勝彦『松本亀次郎の生涯』早稲田大学出版部，1995 年
　e．二見剛史『日中の道、天命なり―松本亀次郎研究―』学文社，2016 年
　f．二見剛史　本著

# 第2章

# 師範学校での学びと研究

　松本亀次郎が林文平や八木喜平と一緒に静岡師範学校[1)]に入学したのは1884（明治17）年であるが，3人は「城東郡の三秀才」といわれ，卒業まで上位を競いあう間柄でもあった。師範学校は駿府城址四つ足門を少し離れて追手町にあり，外壕の石垣に対立して堤上の松籟を聴き，富士を望む静陵唯一の美観を備える場所であった。校舎は木造2階建の洋風建築で，中央の廻廊を登ると屋上の火の見台に出て全市街が展望できた。校舎の裏に運動場を隔て寄宿舎が建てられていた。

　1886年7月までは静岡中学を併置していた。ちなみに，生徒数は師範生約100人，中学生は150人以上といわれている。狭い敷地に教室は隣接し，寄宿舎も雑居，教員は両校を兼務していた。中学校の分離は学校令の公布にともなう措置であり，この頃から，師範教育の革新がなされていく，すなわち，「校規は厳粛に，服装の制定，寄宿舎の生活等，一に軍隊式に準拠し，且つ校費を以て養成せられ，加ふるに訓練の要旨としては，威重，信愛，服従の三徳に重きを置いて我が国教育史上空前の革新であった」という次第である。なお，翌1887年4月には女子部が併設されている。

　松本亀次郎は受験勉強に励み，1884年9月，静岡師範学校に入学を許可されたが，その間，横須賀の漢学者常盤健に学び，静岡に出て松山若沖の二松学舎に通うなどのことはしたが，独学に近い努力研鑽により師範学校進学の夢を果たしたといえる。もっとも，ここで補足するならば，松山若沖は静岡師範学

校最初の教論であり近代的教授法開拓の権威でもあった。二松学舎は受験予備校であると共に現場教員の再教育にも寄与していたのである。

松本亀次郎は，静岡師範学校在学中，森有礼の学制改革に遭遇するわけだが，比較的自由な雰囲気のなかで主体的な活動をしていた模様である。兵式訓練清水行軍に抗議して同盟休校に加わったり，三気質補養会（有信会）を結成し初代幹事に選出されるなどはエピソードといえよう。

松本は，師範学校令前後の4年間をここに在籍したわけで，過渡期の変化にとんだ体験をもつことになる。静岡大学教育学部に保存されている「成績一覧」によれば，松本の成績は，1887年3月施行の「学級試験」で22人中7位（総評点78.1），翌年は18人中6位（通約点85.6）と記録されている。ちなみに，学科目をみると，1887年のときは，倫理・教育・漢文・英語・代数・幾何・地理・歴史・物理・化学・農業・図画・音楽・普通体操・兵式体操の15に分けられ，いずれも100点満点でそれを平均して総評点としており，翌年になると，倫理・教育・管理・漢文・英語読法・英語文法・簿記・鉱物・化学・農業・図画・音楽・普通体操の13で学科総評点と実地授業点を出し，その通約点で席次を決めている。学科目は学年により異同があるのは当然だが，これより師範教育の一面を知ることができよう。及落の判定は厳格で，例年数名の落第者を出している。松本らの同期生も卒業できたのは結局16人であった。

校長は入学当初が林吾一（師範・中学両校を兼務）で，1886（明治19）年中学分離にともない蜂屋定憲に代わった。当時教員は独乙帽子や肋骨付の洋服を着用し，雨のときは雨傘に高歯の下駄といういで立ちであったという。師範教育が本格化するのは明治20年代以降であるから松本らのうけた教育には比較的自由な雰囲気が含まれていたのではないだろうか。しかも中等程度の学校が静岡県下に2校しかない頃であり，入学志願者は10倍以上に上った。その難関を突破した秀才たちが，日夜人格教育を主眼に切磋琢磨していたわけである。

1888年4月，静岡県尋常師範学校を卒業した松本であるが，その後の経歴については若干未詳の部分が残されている。すなわち，増田説では「卒業後東

京高等師範学校に学ばれたが，家庭の事情で中止され」たとあり，実藤説では「東京高等師範学校に入学したが卒業まえに脚気をやんで中途退学」とある。後述のとおり，松本は嘉納治五郎に見出されて宏文学院に奉職するわけだが，両人の出会いを東京高師在学中だとする説もこれより成立するのであろう。1897年に文部省中等学校教員検定試験に合格し師範学校の教壇に立つことができた松本であり，彼の努力を以てすれば高等師範学校への進学は可能なことであったとも考えられる。松本の姪栗田としは高師進学説を肯定された小学校訓導に戻ってはみても高師再受験の願望を捨てることは容易にできなかった。「亀勉先生」の綽名よろしく生徒に慕われる立派な教師であったが，松本の向学心は以前に数倍して勉強に励む生活を続けさせた。24歳で主席訓導（現在の教頭職）となり，26歳には校長となって転勤するが，その間苦学力行，31歳の時「尋常師範学校・尋常中学校・高等女学校国語科教員」の検定試験に合格し中等教育免許状をうけた。専門教育者として生きる術を見事に獲得したのである。

　1897年9月，母校静岡県尋常師範学校に就任，1898年4月には三重師範へ転じ，さらに1900年10月，佐賀師範に移った。各師範の国語科教諭として勤務する。

　当時，中等学校以上の教員人事は全国交流でなされた。松本は静岡・三重・佐賀と転勤する。三重師範では舎監（学生部長）を引き受けた。

　佐賀師範着任の1900年は小学校の教科目が読方・書方等を「国語」に統一した年，日本語の科学的言語学を樹立しようとするなかで方言研究も行われた。松本らが編纂した『佐賀県方言辞典』（1902年）の巻頭には上田萬年博士が手簡を寄せている。

　松本は研究と教育の両面から高い評価をうけた。郷里にある「松本亀次郎資料館」には方言辞典の下書き，上田博士の序文原稿，松本の著作・日記・手簡・意見書等々約4,000点が保存されている。なかには和歌・漢詩の試作や短冊もみられる。文学者としての才能も秘めた研究者だったのである。

松本の履歴書では，次のような記載となっている。

- ○1888 年 4 月 2 日　　静岡県尋常師範学校卒業 同日，地方免許状下附
- ○同年　 4 月 4 日　　任静岡高等小学校訓導
- ○1889 年 9 月 20 日　　有渡・安倍郡小学校授業生試験委員ヲ嘱託ス
- ○1892 年 9 月 30 日　　任静岡県有渡郡入江町外 4 ケ町村学校組合立東有渡
  高等小学校訓導，但本科正教員勤務
  同日　兼任東有渡高等小学校長
- ○同年　 10 月 12 日　　有渡郡有渡村・清水町・入江町・不二見村・三保村
  学校組合学務委員ニ任ス
- ○1893 年 4 月 2 日　　静岡県小学校本科正教員免許状下附セラル
- ○1894 年 9 月 3 日　　任静岡県榛原郡川崎町立川崎尋常高等小学校訓導，
  但本科正教員勤務
- ○同年　　　　　　　　兼任川崎尋常高等小学校長
- ○1897 年 7 月 8 日　　尋常師範学校尋常中学校高等女学校国語科教員免許
  状下附セラル

　上記史料の記載内容は，現在外務省所管外交史料館に所蔵されている「松本
亀次郎氏経歴」とも一致している。これより，筆者は，松本が静岡師範卒業後
直ちに小学校訓導となり，1897 年まで県内の小学校に勤務したと判断したい
のである。「訓導兼校長」時代の約 10 年間における松本の詳しい動静について
は今後の研究に委ねる。

　続いて1897年以降の動静はどのような展開になっているのだろうか。上記「履
歴」から復原してみたい。

- ○1897 年 9 月 27 日　　任静岡県尋常師範学校助教諭
- ○1898 年 4 月 12 日　　任三重県師範学校教諭
  同年　 10 月 12 日　　兼任同校舎監
- ○1900 年 10 月 25 日　　任佐賀県師範学校教諭

○1901 年 3 月　6 日　　兼任同校舎監

　同年　　　7 月 15 日　　学科講習ノ為帝国教育会へ出張ヲ命ス　但日数 27

○1903 年 3 月 19 日　　（佐賀県師範学校）本職並兼職ヲ免ス　但学校ノ都合

○同年　　　6 月 22 日　　府県立師範学校長並ニ公立学校職員退隠料及遺族扶
　　　　　　　　　　　　助料法ニヨリ 1903 年 4 月ヨリ退隠料年額○○円ヲ支
　　　　　　　　　　　　給ス

　母校静岡師範を皮切りに，三重師範，佐賀師範へと転勤を重ねながらの教員
生活が 7 年間続く。文部省から認定された国語科教員の免許を生かしての教育
行脚であった。30 代の青年教師松本亀次郎の活躍の様子が窺える。佐賀時代
には覇気のある学生が大勢自宅におしかけ食事を共にし，談論風発徹宵したこ
ともしばしばであったという。長男操一郎（1892 年 7 月 13 日生）の幼少期にあ
たり，父母を郷里に残しての九州入りであったが，妻ひさの内助の功に扶けら
れて，日本語の研究にも精進できる日々が続いたと察せられる。

　松本は晩年に至るまで十指に余る著作を公刊しているが，先述の通りその第
一作ともいうべきは『佐賀県方言辞典』[2] であった。佐賀県教育会（江尻庸一郎
会長）の編纂となっているが，実は松本亀次郎（佐賀県師範学校教諭）と清水平
一郎（同県中学校教諭）の共同執筆である。1 年がかりで脱稿したとあり，「我
が邦，方言辞典の著あるは蓋しこれを以て嚆矢とすべし」と東京帝国大学文科
大学教授の上田萬年が手簡をよせ，序においてその意義を讃えている。


　次に上記「履歴」のなかに記載されている「帝国教育会へ出張」の内容が何
を意味するか。「学科講習」とあるので，日本語の研究であったと解釈するの
が妥当であろうか。

　後年，松本が中国人留学生教育に成功した要因について中国人自身が分析し
ているところによると，彼の漢学に対する関心には当代の日本人にはみられな
い独特のものが含まれていたという。ここで，姚維達「松本亀次郎氏──中日
文化交流史的一頁」[3] のなかの一節を訳文によって紹介してみよう。

「甲午ノ戦，中国大敗以後日本一般人ハ，中国ニ対シ侮辱軽視ヲ加フルニ
モ関セズ　少数ノ遠見有ル人ハ　則チ正ニ此ニ乗ズ可キノ時ト為シ　中国ニ
対シ一正確ノ認識ヲ作シ，其ノ中国ニ対スルアラユル研究ヲ開始セリ……主
要ハマタ是レ心理上ノ環境即内在的力ニ存セリ」

「ソノ内在的原因，松本氏自述中ニ説キ得テハナハダ鮮明ナリ　彼曰ク『我
レ幼時中国ノ書物ニ対シ　即チ好感ヲ発生セリ　四書五経等ノ漢文　他人ニ
在ツテハ引キテ苦難ノ例トセシガ　我ハ非常ニ之ヲ愛好シ　以後又漢文中ニ
在リテ少カラズ知識ヲ獲得セリ　故ニ中国ニ対シテハ自然ニ一種愛慕ノ心理
ヲ発生セリ』ト　コノ種ノ好感ト愛慕トノ心理存在スルニ因リ　彼ハ能ク以
後 40 年中断セズ留日華生ノ教育ニ従事セリ」

松本の中国に対する愛慕的心理を高く評価し，彼の努力に注目していたこと
が，この文のなかから明らかとなるであろう。彼の日本語研究がある時期から
対中国を射程距離に入れるようになった背景——筆者のみる限りでは，1900（明
治 33）年前後における松本の意識変化にまず注目すべきではないかということ
になる。

**注)**

1) 先行研究に平野日出雄ほか編『松本亀次郎伝：日中教育のかけ橋』静岡県教育
　出版社，1982 年　がある。
2) 同上書，pp.162〜174
3) 姚維達「松本亀次郎氏─中日文化交流史的一頁」民国 31（昭和 17）──（原文
　中国語）ほかを参照。

# 第3章

# 日本語の研究者として

　松本亀次郎が三重県から佐賀県へ異動してきたのは 1900 (明治 33) 年 10 月 26 日，これより 1903 年 3 月までの約 2 カ年半が佐賀時代となる。松本は第 1 回文部省中等学校教員検定試験国語科に合格して師範学校の教師になったわけだが，母校である静岡師範から三重師範に移り，続いて佐賀師範に転じたのであった。前 2 校における彼の動静はさておき，幸い，佐賀については前掲増田氏の著作のなかにも既にその片鱗が伝えられているので注目したい。大東町の史料発掘で，当時の様子が松本の直筆でもって示された。以下，従来の研究成果に原史料を加味しながら佐賀時代の松本亀次郎について考察する。

　ちなみに，佐賀師範在職時の松本亀次郎[1]であるが，彼の薫陶をうけた生徒を「卒業生名簿」からとり出してみると約 200 名にのぼる。表 3-1 は卒業生を年次別・市郡別に整理したものである。この他に卒業できなかった人たちも若干いるであろう。教え子たちが遺した史料のなかに松本に関する記録があるかもしれない。原史料 (大東町北公民館所蔵) のなかには生徒の成績 (採点表) 等も含まれていた。

　ここで，『佐賀新聞』所載の関係記事を紹介する。

○1901 年 5 月 4 日　師範学校の御降誕奉祝式本県師範学校にては明 5 日御降誕奉祝式を挙行し同校教諭松本亀次郎氏の作に係る左の奉祝歌を合唱するはずなり　尚，同歌は小学校にては「春の弥生」の譜に合せて可なるべしとのことなり

表 3-1　佐賀県師範学校卒業生出身地別分布
──松本亀次郎在職期間──

(人)

| 卒業回別＼出身地別 | 佐賀市 | 佐賀郡 | 小城郡 | 神崎郡 | 杵島郡 | 西松浦郡 | 東松浦郡 | 藤津郡 | 三養基郡 | 計 |
|---|---|---|---|---|---|---|---|---|---|---|
| 第 14 回 1901 年 3 月卒業 | 1 | 1 | 4 | 4 | 3 | 3 | 3 | 2 | 1 | 22 |
| 第 15 回 1902 年 3 月卒業 | 1 | 5 | 4 | 2 | 6 | 3 | 5 | 5 | 4 | 35 |
| 第 16 回 1903 年 3 月卒業 | | 5 | 8 | 3 | 8 | 3 | 3 | 2 | 2 | 34 |
| 第 17 回 1904 年 3 月卒業 | | 4 | 3 | 2 | 7 | 6 | 5 | 6 | 6 | 39 |
| 第 18 回 1905 年 3 月卒業 | | 12 | 7 | 2 | 4 | 4 | 2 | 3 | 5 | 39 |
| 第 19 回 1906 年 3 月卒業 | 2 | 1 | 6 | 4 | 8 | 2 | 5 | 4 | 4 | 36 |
| 計 | 4 | 28 | 32 | 17 | 36 | 21 | 23 | 22 | 22 | 205 |

出所：「佐賀県師範学校卒業生名簿」同校『創立三十年志』1915 年，221-223 頁より作成。

　　　・春のみやまの若松に，ふぢむらさきの咲きしより，千代の若竹いとは
　　　　やも，おひいでぬるこそめでたけれ
　　　・御裳濯川のみづ清く，ながれ絶えせぬ君か代の，いよゝ栄ゆるみいは
　　　　ひを，いざほぎまつれ諸共に
　　　・そらには鶴の千代をよび，淵にはかめのおどりつつ，内外の国のくさ
　　　　も木も，色にいでてぞいはふなる。
　○1901 年 7 月 18 日　県立学校教員上京…………師範学校教諭松本亀次郎氏
　　　は帝国教育会夏期講習会入会の為め…………上京を……命ぜられたり。
　少壮教員として松本亀次郎に寄せられていた期待の大きさをここに知ること
ができる。

## 〈1902 年の修学旅行〉

　松本亀次郎の直筆になる史料のなかで，次に筆者の目を惹きつけたのは，1902 年 4 月実施の佐賀県師範学校（男子部第 2 学年）修学旅行に関する報告書（下書き）であった。その一部を記してみる。旅行は 8 泊 9 日で，参加生徒数 37 名，引率職員 2 名となっている。

（4 日）　午前 7 時校門ヲ発シ神崎町を経　筑後川ヲ渡リ久留米ニ着シ……投宿ス

（5 日）　久留米ヲ発シ筑後川ヲ渡リ宮之陣原田二日市水城村ヲ経太宰府町ニ着シ……投宿ス

（6 日）　早朝太宰府神社ヲ参観シ午前六時太宰府町陶山古川両家聯合ノ展覧会ヲ参観シ七時太宰府神社ニ参拝シ一同神酒ヲ賜ハリ文書館威徳寺ノ古書□及教育展覧会ヲ参観ス　午前十時ヨリ太宰府末社宇美八幡香椎神社名島筥崎博多ヲ経　福岡ニ着シ……投宿ス

（7 日）　福岡市滞在

（8 日）　福岡市ヲ発シ今宿前原ヲ経テ芥屋ヲ迂回シ深江ニ到リ……投宿ス

（9 日）　深江ヲ発シ子負ノ原　玉島村　浜崎　虹松原等ヲ経　唐津ニ着シ……投宿ス

（10 日）唐津町ヲ発シ波多村等ヲ経　伊万里ニ着シ……投宿ス

（11 日）伊万里ヲ発シ有田町ヲ経　武雄ニ到リ……投宿ス

（12 日）武雄町ヲ発シ北方　山口　佐留志　牛津　久保田ヲ経テ　午後八時帰校ス

　佐賀を出て数カ所を巡る延々 65 里にわたる行程を徒歩で旅行したわけである。教育はもとより，地理・歴史・農業・商工業に至る諸分野の調査を主目的としていたことがわかる。おそらくは動植物や鉱物の標本を採集したり，名所旧跡の故事来歴を確認したり，産業の規模を視察したりしたのであろう。この種の企画はたいていの学校で実施していたようだが，当時の修学旅行の具体例を知る上で，松本家遺品として保存されているこの資料は，わが国の教育史上貴重なものの一つといえるかもしれない。

## 〈佐賀県方言辞典の編纂〉

　松本亀次郎は校長江尻庸一郎の信任厚く各方面に活躍の場を与えられたが，なかでも『佐賀県方言辞典』の編纂に従事したことは彼の後半生に大きな影響を与えた。ちなみに，江尻はかつて静岡師範・静岡中学にも在職したことがあり，松本を佐賀に招聘するに当たっては旧知のよしみで江尻が尽力したといわれる。江尻は佐賀県教育会（教職員団体の会）の会長を務めていたが，この会で佐賀県の方言を収集し辞典として編纂することが企画された。松本亀次郎は佐賀中学の清水平一郎と共に辞典編纂の大任を引き受けた。

　1901年11月17日付『佐賀新聞』によれば，「佐賀県教育会評議員会……昨夜午後2時から師範学校講堂に於て開会されたり江尻会頭は開会を令し……方言調査の件は各郡より提出の材料に就き委員にて調査中なれば多分十二月中には脱稿の運びに至るべし其の上は印刷に附し需要の向へは実費にて之れに応ずるはずなり云々との報告をなし……」という。

　続いて，同年12月28日付の記事には次のようにある。「佐賀県方言辞書中学校教諭清水平一郎師範学校同松本亀次郎の二氏は本県教育会の委嘱に依り各支部より集りたる方言集十数冊の内より一定の標準に基き今春来専ら方言辞書編纂中の処今般大署□了に付一冊百五十頁乃至二百頁此価三十銭乃至三十五銭の見込にて予約出版せん筈なり希望者は明年一月十五日迄に支部会へ申込みある可しただし出版期限は同年三月末日迄なり尚ほ同会にては不日訛音転成の法則品詞の性質及其応用等を説明せる語典を出版せん見込なりと」。

　実際に刊行された日付をみると明治35年6月15日となっているので，予定より少し遅れたようだが，佐賀県あげての出版物として期待をよせられていた様子がこれよりわかる。

　ちなみに，ここで全国における主な方言辞典等の刊行状況を概観しておく。明治期全体では約40点に及ぶ編纂がなされており，うち，1902（明治35）年までに刊行されたものは約20点である。

　　○武井水哉『津軽方言考』明治34年

○斉藤大衛・神正民『津軽方言集』明治 35 年

○内田慶三『米沢言音考』明治 35 年

○稲敷郡教員集会『茨城県稲敷郡方言集』明治 35 年

○田中勇吉『越佐方言集』明治 25 年

○石川県教育会『石川県方言彙集』明治 34 年

○福田太郎『若越方言集』明治 35 年

○小山珍事堂「松本地方々言」(『風俗画報』明治 29 年)

○飯島嬉英「小県郡方言」(『風俗画報』明治 30 年)

○吉田時「甲斐方言」(『人類学会雑誌』明治 20 年)

○加納英次郎「甲斐国方言」(『風俗画報』明治 29 年)

○大阪府保育会『幼児の言語』明治 32 年

○多屋梅園『田辺方言』明治 20 年

○島根県教育会『出雲言葉のかきよせ』明治 21 年

○福岡県教育会『福岡県内方言集』明治 32 年

○佐賀県教育会『佐賀県方言辞典』明治 35 年

○土肥健之助『大分県方言類集』明治 35 年

○日高真実「日向国高鍋方言考」(『人類学会雑誌』明治 32 年)

○沖縄県学務課『沖縄対話』明治 13 年

○仲本政世『沖縄語典』明治 28 年

　明治期全体となれば，以上の倍近い数の方言研究が刊行されることになるわけだが，『沖縄対話』を除けば，明治 20 年代ようやくそのきざしがみえはじめ，明治 30 年代に本格化する様子が窺える。『佐賀県方言辞典』については，「日本でもっとも早い時期の方言の収集と編纂である」とされ，これに着目した上田萬年も東京帝国大学文科大学国語国文学教授としての立場から，辞典編纂上の助言を与えている。残念なことに松本たちのところに届いたのは原稿が印刷にまわる段階で，作業的には間に合わなかったようだが，研究上の指針とすべく，辞典の冒頭に全文印刷されている。

　県教育会レベルで進められた方言研究の草分けとしては，上記のとおり，島根，福岡，石川に続いて佐賀が四番目である。このあと，茨城が明治 37 年，鹿児島と京都が同 39 年，青森 40 年，静岡 43 年と続いて大正期に移行しているが，このように通観してみると，佐賀県方言研究はやはり全国の草分け的存在だったことがわかる。

　日本語の科学的言語学を樹立しようとして先駆的働きをした学者の一人上田萬年は，方言蒐集に際しつぎのような留意点をあげている。①一地方若クハ一村落ニ於てのミ使用せらるゝ方言若クハ存在する物名　②士農工商の段階中その一階級にのミ使用せらるゝ方言若クハ存在する方言的特質　③男子若クハ婦人老人若クハ児童の間ニのミ使用せらるゝ方言若クハ方言的特質④往昔盛ニ使用せられたれども今日ハ既ニ消滅ニ帰し若クハ帰しつゝある方言　⑤近来新ニ発生したる方言，この他，同名にして異物も往々あるので，物名等には挿図を入れて誤解のないようにしたい，と強調する。

　「方言の滅却は古文書，遺跡等の残欠と同じくこれを惜まざるをえず。然りといへども，一地方にのみ行るゝ奇僻の方言は，たとひ如何に立派なる語源を有するも，如何に規則正しき転訛なるも，他地方の人に通ぜざれば，言語の本分たる思想交換の用をなすこと能はざるを如何せん。……況んや小学校に於ては普通の言語を使用せしむる法規なるに於てをや」これは編集者松本亀次郎・清水平一郎の 2 人が『佐賀県方言辞典』のなかで行っている提案の一節である。方言研究を通して，松本は国語教育に対する新たな認識をもったにちがいない。

### 〈国語研究に関する識見〉

　松本亀次郎の直筆になる原史料のなかで，次に取り上げてみたのは，1902（明治 35）年頃に書いたと目される意見書である。題して「教授実験ノ結果国語教育完成上将来ノ尋常及高等小学校国語教科書ノ編纂ニ対スル希望」とあり，佐賀県師範学校用紙に下書きし推敲を加えている跡が残っている。以下意見書の内容を記しておく。

1. 文字，文章，仮名遣ヒ，句読法等ニ関シテ希望スルトコロ左ノ如シ

　　㋑ 文字ハ仮名ヲ主トシ大ニ漢字ヲ節減スル事

　　㋺ 句読法及仮名記載法ヲ一定シテ仮名綴リ文ノ発達ヲ図ル事

　　㋩ 仮名ヲ其ノ本分ノ音ニ読マズシテ他ノ音ニ転読スルモノハ一定ノ符号ヲ付スル事

　　㋥ 耳遠キ漢語，口語及生硬ナル新熟語ヲ教科書ニ使用スヘカラサル事

　　㋭ 文体ハ口語体ヲ主トシ之ニ普通ノ時文体ヲ交フルノミニテ　其ノ他従来ノ教科書ニ散見セル諸種，文体ハ一切収用スヘカラサル事

　　㋬ 書簡文其ノ他日用慣行ノ特殊文体ハ宜シク口語体及普通ノ時文体ト一致セシムヘキ事

2. 国語科万能主義ヲ廃シテ地理歴史理科等ノ実科教授ハ国語科ヨリ時間ヲ分立スル事

3. 教科書ハ各府県ニ於テ編纂スル事

　〜以下略〜

　以上を要約すればつぎのようになるであろう。

　第1は，文字・文章・仮名づかい・句読法等に関して，表音的仮名づかい・口語体を基本とし，漢語や古語や新しい熟語等はあまり使わない。

　第2は，国語科万能主義を廃して地理歴史理科等の実科教授は国語科から切り離すこと，つまり，国語科は形式教授を主とし内容教授を副として教授できるように教科書を編纂した方がよいということである。

　第3は，教科書編纂部を各府県の師範学校に設置して，その土地土地に適切なる教科書を編纂せしめ，検定の上使用させてはどうかという提案である。

　方言研究を通して師範学校教諭としての力量を磨き，いよいよ自信をつけた松本の抱負をそこにみる思いがする。周知のごとく，わが国の教科書制度は1902（明治35）年の教科書事件を契機にして従来の検定制度がくずれた。これに教育の国家的統一の思想が輪をかけることになる。松本理論は丁度その前夜ないし渦中にまとめられたことになるわけで，今後大いに注目さるべきところ

と考える。残念ながら，起草年月日がわからず，どこに提出したものかも不明である。国語学上の意義について専門家に吟味し直してみる必要もありそうである。筆者はしかし，佐賀師範在職時代の松本理論を示す貴重な史料としてここに紹介した次第。起草時点は一応，辞典編纂終了の明治35年としておく。

## 〈女子教育に関する識見〉

国文法を中心に語学の力量を培っていた松本亀次郎が「佐賀師範一の文章家としてしばしば文章を書かされ」ていることは想像に難くない。1901年11月14日の稿とされる「（佐賀県女学校）創立主意書（案）」もその一例であろう。おそらくは佐賀県教育会あたりの意を体して起草されたものと目されるが，そこに，松本の女子教育に関する識見を加えていることはいうまでもない。以下，松本家遺品（原本）を判読しながらその一部を紹介しておきたい。

　　女子ハ一家繁栄ノ基礎社会平和ノ天使国家文明開運ノ貢献者ナリ　女子ニシテ適当ノ教育ナケレバ一家ノ繁栄淂テ望ム可カラズ…………我ガ佐賀県ノゴトキモ本年始メテ一ノ県立高等女学校ヲ設立セラレタリト雖志望者ノ数ハ極メテ多ク又其ノ目的トスル所モ多岐ナレバコレヲ一校ニ収容スルコト能ハザルハ勿論整然タル教則ノ下ニ較一ナル教育ヲ施サンハ志望者ノ目的ニ齟齬スルモノアルヲ如何セン　本校茲ニ見ルトコロアリ　本科技芸科教員養成科別科ノ四分科ヲ設ケテ普ク此等多数ノ志望者ヲ収容シ且ツ各其ノ志ス所ノ目的ヲ満足セシメ　以テ本県女子教育ノ欠坎ヲ補ハント欲ス

　　顧ミルニ本県嚮キニ実習　佐賀ノ両私立女学校アリ　共ニ多数ノ生徒ヲ養成シテ本県女子教育ノ為貢献セシ所ナリキ　然リト雖時勢ノ進運ハ更ニ設備ノ完全ト組織ノ改善トヲ促スコト急ニシテ二校分立ノ小規模ニ安スル事能ハズ　是ヲ以テ従来二校ニ関係セル諸子自ラ時勢ヲ達観シテ二校合併ノ議ヲ提出シ普ク諸有志ノ協讃ヲ求メテ更ニ其ノ規模ヲ拡張シ其ノ基礎ヲ鞏固ニシテ一層完全ナル女学校ヲ設立セント欲シ………是レ本校ノ創立ヲ見ル所以ナリ

抑女子教育ノ事タル古今其ノ宜シキヲ異ニシ東西其ノ軌ヲ一ニセザルモノ
アリ…………将来ノ女子教育ハ東西相折衷シ古今相参酌シテ長ヲ取リ短ヲ補
ヒ陋ヲ去リ美ニ就キ東洋ノ女徳ト西洋ノ婦功ト相兼ネ相養ヒ内ニ在リテハ賢
妻良母トシテヨリ室家ノ和楽子女ノ栄達ヲ企図シ外ニ在リテハ淑女賢婦人ト
シテヨリ社会風儀ノ維持者トナリ且ツ国家ノ一員トシテハ適当ナル技能ヲ習
得シテ優ニ男子ニモ劣ラザル国富ノ培養者トナリ文明ノ貢献者トナラシメザ
ルベカラズ

　…冀クハ四方有志ノ諸彦幸ニ微衷ノ存スル所ヲ諒察シ県下ノ女子教育ヲシ
テ完備ナラシメンカ為メ将国家ノ文運ヲシテ愈隆昌ナラシメンカ為メ奮テ協
賛ノ意ヲ寄セラレンコトヲ（其教科及ビ諸規則ノゴトキハ別紙コレヲ詳ニセリ請
フ幸ニ一瞥ノ労ヲ惜ムコト勿レ）


　上記文案に示される如く，他府県に遅れをとるまいという佐賀県教育界の意
を体しつつ，古今東西の見地に立って女子教育の在るべき姿を明確にしてゆく
松本の態度がにじみ出ている。
　周知のように，全国レベルでは，1899（明治32）年に高等女学校令が制定さ
れており，1901（明治34）年に施行規則，1903（明治36）年に教授要目を定めた
あと，1910（明治43）年に実科高等女学校を認めるという法令上の変化がみら
れる。そして，佐賀県では明治34年に県立高等女学校が創設されているが，
これより，われわれは，その前身が実科女学校と佐賀女学校を合併した形で発
足したことを知るのである。佐賀県教育史の研究にはまだふみこんでいないた
め，その由来，その後の経過について分析する力はないが，この史料を通して
地方の教育形成力の表現をみることができる。女子教育に関する認識もそこに
読みとることができるのである。


　松本亀次郎は，後年中国人日本留学史のなかの日本語教師の中心人物とされ
ている。魯迅や周恩来も彼の教え子であった。宏文学院・京師法政学堂・東亜

高等予備学校とつながる一連の学校を拠点にして，中国人たちに日本語をいかにわかりやすく教授するかを熱心に探究した教育者であった。筆者は日中文化交流史の研究を進めるなかで彼に出会い，彼に惹かれてきたが，今回，松本の生家に眠っていた自筆の史料に接する機会をえたので，先ず，中国人留学生教育に従事する前段階に限定し，しかも佐賀師範在職時代を中心に史料紹介をしてみた。松本にとっての佐賀時代は，先述のとおり，方言研究を契機に日本語教育への造詣を深めたことで国語学界に認められた時期である。彼が嘉納治五郎の宏文学院に招聘された原因も佐賀師範在職時代の精進の結果であった。彼は，このあと，中国人に対し日本語を教える仕事を通して，日中両国の文化交流に不滅の業績を残した。中国各地には彼の影響をうけた人たちが多数居るはずである。

　近代日本の新しい学科目としての「国語」が，このようにして誕生したのだという事例を松本の実践記録からも，われわれは学ぶことができる。

　ここで，関正昭・平高史也編『日本語教育史』(1997) および甲斐雄一郎『国語科の成立』(2008) に注目しながら，松本理論の背景に言及してみよう[2]。

　明治 27 (1894) 年 2 月，大日本教育会国語科研究組合が設立された。「細目」調査委員となったのは，嘉納治五郎・高津鍬三郎・小中村義象・今泉定介・畠山健・萩野由之・那珂通世・落合直文・安井小太郎・松井簡治・吾妻兵二・三上参次・三宅米吉・関根正直の計 14 名から成り隔週水曜に会合を持ち「国語科，要領」「送リ仮名法」「句読点」「文法ニ用フル名称ヲ一定スルコト」等について討議したという（甲斐雄一郎『国語科の成立』2008，251 頁参照）。

　さらに，高津鍬三郎・小中村義象は，上田萬年・芳賀矢一らと組んで「尋常中学校教科細目調査」の委員を委嘱され，「国語科ノ本旨」を示す役割を果たした（同書 246 頁）。

　松本亀次郎が『佐賀県方言辞典』を出版する頃の国語学界は，嘉納治五郎や上田萬年ら一流の研究者兼教師らを介在しながら前進しつつあった。そのような中で「日本語教育」が充実してくる。佐賀師範在職の頃，注目しはじめた松本の専門能力は宏文学院へ転職する中でさらに花を咲かせる。

**注)**

1) 拙稿「佐賀師範在職時代の松本亀次郎」『九州教育学会研究紀要』第 10 巻，1982 年，pp.63〜70 に所収　を参照。

2) 関正昭・平高史也編『日本語教育史』アルク，1997 年及び甲斐雄一郎『国語科の成立』東洋館，2008 年を参照

# 第4章

# 宏文学院における中国人留学生教育

　松本亀次郎をして中国人留学生教育に携わる契機を与えた人物が嘉納治五郎であったことはすでに述べたとおりである。両者の出合いがどのような経過のなかで行われたのか，その原因をつきとめるためには，今少し周辺の史料も収集しなければならないであろうが，ともかく，松本は，1903年5月から1908年3月まで嘉納の経営する私立東京宏文学院に勤務する。師範学校卒業後16年，公立学校教職による恩給もついていた。東京転勤の1903年8月31日に父市郎平が他界しているから，おそらくは長男として郷里の父母のことを心配した新天地開拓の決断であったとも解釈できる。

　「老生の初めて支那留学生に日本語を教授したのは1903年即ち老生が38歳の時，嘉納治五郎先生の宏文学院に雇われた時」とあるように，松本亀次郎と中国人留学生教育との出合いは1900年代であった。当時，宏文学院には普通科（3カ年卒業）と速成科（8〜9カ月）があって班には出身地名を冠していた。松本の担当は普通科の浙江班と速成科の四川班，直隷班であったが，普通科生は卒業後日本の学校に入学し聴講しなければならないので日本語の学習も熱心だった。その学生のなかにいたのが魯迅である。同志間でも魯迅の力量は光っていたが，松本は彼らを教えるなかで「僕は漢文字の使用法は本場の支那人と共に研究する必要の有る事をつくづく感じさせられた」と述懐している。同字同文の故に，中国人は日本語のテニヲハと奇字（日本でつくられた熟語）を習得すれば日本語文献を理解できるわけで，速成科の存在理由もそこにあったのだと

いう。

　松本はすぐれた教師だったが，彼の本領はやはり研究者というべきだろう。『言文対照・漢訳日本文典』をはじめ種々の日本語教科書の編纂にあたって，松本が相当の力を尽くしたであろうことは疑う余地なきところである。日本文典はルビ付漢訳付46版460頁余の文献で松本の文法教案をもとに編集してある。言文対照とはいっても当時の教科書等にあわせて文語体を主に口語体を従とした。文典の漢訳修正には高歩瀛・陳宝泉・王振堯・崔瑾・王章祐・経亨頤ら，のちに中国の文化人として活躍する逸材が学生側から参画している。出版は，1904年で爾来40版を重ねた。

　続いて，松本は『日本語教科書(語法用例部)』編纂の起草委員にあげられる。嘉納学院長が会長で月例会を開いて松本の提案を論議，1年余りかかって3巻本として刊行したのであるが，起草委員20余名のなかには，三矢重松・松下大三郎・井上翠・難波常雄・佐村八郎・柿村重松その他相応な人たちが名を連ねている。この書で留意した点は接頭語接尾語の用例検討である。位程丈バカリ様相風処者事ガルルブルビルニクイツライガチ手目トリサシヒキアヒモテ等々のほか，副詞・助詞などの用法を教えるために，緻密な研究が望まれていたわけである。1906年に出版された。このほか『日本語会話教科書』や『師範科講義録・日文篇』の編集にも主力メンバーとして尽力している。

　上記の如く，宏文学院は嘉納治五郎の傘下に集まった国語学者たちにより，日本語教育に関する教科書類を続々と刊行するわけであるが，1902年から1906年の4年間に約280名もの教職員が目まぐるしく去就しているという実情から推察できるように，中国人留学生教育草創期を反映して種々の問題をはらんでいるのである。ちなみに，1907年の在東京公私立学校における中国人留学生数は6,030人で，うち911人が宏文学院に在籍している。宏文学院の存続期間は1902年から1909年のわずか7年であるが，入学総計7,192人，卒・修業者3,810人と記録されている。松本の在職時代は宏文学院の全盛期にあたり，彼の著作も洛陽の紙価を貴からしめたのである。

　松本は張之洞が東京に設立した湖北路鉱学院や清国留学生会館主催の日本語講習会でも頼まれて日本語を教えている。講習生のなかに革命の先唱者秋瑾女史がいたことは後で知ることとなる。

　次に，松本亀次郎の授業ぶりに注目してみよう。

　当時「速成師範科，速成警務科及普通科の諸班があって，速成科は 8・9 箇月修了，普通科は 3 年卒業で，班名は団結して来た地名を冠したのである。当初に僕の教授した班は普通科は浙江班，速成科は四川班と直隷班であった」という。

　普通科の学生は，卒業後高等教育機関に入学し，日本人と同じ講義を聴かねばならないから，日本語の学習には熱心であった。周樹人（のちの文豪魯迅），陳介（東京大に進学），厲家福（金澤医大に進学）らがいた。


　僕は他の講師が去った後を引き継いだので彼等の日本語は既に相当程度に達してをった。最初漢訳して教へなくても大体は日本語で同意語に言ひ換へて説明すればわかる程度に進んで居たが，……

　……或日助詞のにに漢字を充てる必要が生じ，には漢字の于または於に当たると黒板に書いた処が，厲家福氏が于於と二字書くには及ばぬ。于でも於でも一字書けば同じだから宜しいと言ひ出した。処が僕にしてみるとその時分はまだ支那語で于於の二字が同音で有ることは全然知らないし，『操觚字訣』や『助字審詳』などで面倒な使ひ分けを習って居たので，それが無区別だ，一字で用が足りる，と言はれて些か面喰った恰好であったが，「その時魯迅が言を挿んで于於が何処でもまったく同じだと言ふのではない」に当たる場合が同音同義だからどちらでも一字書けば宜しいと言ふのですと説明した。


　宏文学院での授業風景が目にみえるようである。松本は，留学生たちとのこうした対話を介して日本語教育の内容や方法を確立していった。特に最初の教

え子のなかに魯迅がいた点は注目に値する。「漢文字の使用法は本場の支那人と共に研究する必要の有る事をつくづく感じさせられた」と松本は述懐している。

　魯迅の言を付しておく。「日本語に適当な華文の訳字を充てるのは頗るむつかしい。自分は『流石に』といふ日本語に適訳を施したくて長い間苦心して居るが，まだ妥当な漢字が思い当たらぬ」という。当時 20 歳未満の留学生たちだが，漢文の素養は充分備わっていた。魯迅の翻訳は精妙を極めており，原文の意味をそっくり取って訳出するので，留学生同志の間では「魯訳」と称して訳文の模範にしていたらしい。松本は終生魯迅と交流しながら日中友好の哲学を樹立していく。

　ここで，速成科の日本語教育についても概観してみよう。ここは，通訳によって諸学科（物理・化学・博物・生理・数学・倫理・心理・教育・教授法等）の授業を行うところである。週 3，4 時間が日本語の学習にあてられる。日本の書物を目でみて意味がわかるようになれば充分である。日本語の会話を知っておれば便利だが，帰国後は生活上不必要なので覚えなくてもよいのだという。

　以上は，松本自身の実践体験に基づく日本語教育の内実であるが，彼の在任中と目される明治 30 年代後半の宏文学院教職員のなかで直接日本語教育に従事していたのはどんな人たちだったのだろう。「教職員一覧」のなかからその一部を抽出してみた。

　　　　　○三矢　重松（1902　　　〜　　1903.4）

　　　　　○難波　常雄（1902.9　　　〜　　1903.4）

　　　　　○唐　宝　鍔（1902.／　　　〜　　1903.／）

　　　　　○松本亀次郎（1903.5　　　〜　　1908.3）

　　　　　○臼田寿恵吉（1904.5　　　〜　　／　．／）

　　　　　○唐木　歌吉（1904.6　　　〜　　／　．／）

　　　　　○佐村　八郎（1905.2　　　〜　　／　．／）

　　　　　○松下大三郎（1905.4　　　〜　　／　．／）

　　○菊池　金正（1905.9　　　～　／　．／）

　　○柿村　重松（1905.10　　～　／　．／）

　　○鶴田　健次（1906.2　　　～　／　．／）

　　○井上　　翠（1906.5　　　～　1907.9）

　　○門馬　常次（　／　．／　～　／　．／）

　このうち，唐宝鍔は，宏文学院の前身・亦楽書院（1902 年，嘉納治五郎が創設）等で学んだ留学生である。「中国人学生の日本語教育に対する，宏文学院の教育的配慮を示している」と評価された。また，松本のほか臼田寿恵吉や井上翠らは「日本人教習」として清国の諸学堂へ赴任していく。「日本語教育」に関する教職員は，この他にも存在するので，教科書編纂の観点から別に取り上げて再度紹介したい。

### 〈『漢訳日本文典』の発行〉

　宏文学院の教務長（教頭）は三澤力太郎であった。彼は化学を担当し，松本亀次郎とほぼ同時期に就任した。後に湖北省の教習となり渡清する。松本は次のように述懐している。

　　「教授者被教授者双方共彼此の会話に通じない者が文法を教へるのは難儀であったが，短時間に日本語文を最も効果的に教へるにはどうしても文法を教へねばならぬ必要がおこって来た」

　　「宏文学院の教務長は……当時僕に一つ教案を立てて試みに文法を教へてみたらどうだと言はれ，学生の要求と三澤教頭（教務長）の支援とによって一つの教案をつくり，後に一冊の書物として発表したのが『言文対照・漢訳日本文典』であった」

　その後洛陽の紙価を貴からしめることになるこの『漢訳日本文典』はいかなる特色を有したのであろうか。松本の解説をみてみよう。

　　「此の文典は言文対照とは名づけてをるが，文語体が主で口語体が従である。といふのは当時はまだ口語のやっと芽を出した時分で，有名な紅葉の『金色

夜叉』や蘆花の『不如帰』でも登場人物の対話こそ口語体だが草紙地は文語体で書いてある。教科書は勿論文語体が多い。随って漢文と相距る甚だ近いのである。文の主成分を為す主語客語補足語は大体名詞であるから漢文で書いてあり，説明語も主として動詞形容詞名詞（ナリ，タリを帯ぶる）で成り立つからそれも大抵漢字で書いてある。助動詞助詞にしても文語体は口語体より規則が簡明で漢文との比較が容易である。それだからこの文典を読めば大概当時の教科書は理解せられ，又日本文を漢文に訳出する基準になったので，それが為当時は大いに重宝がられた次第である」

　またいう。

　「この向の書物では僕が先鞭を着けたのと，文語と口語とを対照して例も規則も並べ挙げ訳文が比較的穏妥だと云ふのと，嘉納先生の序文も巻頭に掲げてあったのが一段と光彩を添へたのであらうが，其の当時来朝の支那留学生は誰でも彼でも一冊は買ひ求め日本語を学ぶ津梁として呉れた。長崎へ留学生が百人著いた，二百人著いたと言へばそれらの人が東京へ入ると同時に其の人数分の冊数は間違ひなく売れた。支那内地でも各処で飜刻し，或は謄写版に付して教科書に使用せられ，今日尚且相当な需用者が継続してをるのは奇現象である」

　さて，日本文をみると，漢字と漢字の間に仮名が交じっている。「漢字の意味はわかるから，仮名で書いた部分の意味を教へて貰えばそれで用が足りると言ふのが彼等の要求」だと松本は説明している。

　例をあげてみよう。

　(イ) 政府ハ留学生ヲ外国ヘ派遣ス

　(ロ) 僕ハ人込デ賊ニ銭ヲ取ラレタ

速成科の学生たちは，仮名の部分ハ・ヲ・ヘ・ス・デ・ニ・ラレタ等の意義を知りたいという。また，日本で用いても中国では不明の漢字，たとえば「泥坊」（賊のこと），「御足」（銭のこと）については特別に教えて貰いたいという希望を出した。擬漢字の「人込」も特別な説明を必要とした。また，兎角・折

角・矢鱈・出鱈目・素的（敵）・滅法・仰山・馬鹿・取締などのように「漢字を充てた変な形の語」は「奇字」と称して研究をすすめる必要が生じた。

　総じて，日本文と漢文との異同を，比較対照しながら，文法的に明らかにしなければならない。助詞や動詞・助動詞の語尾変化，主語・客語・補足語・説明語・修飾語等の位置構成について，品詞論や文章論から説明しなければならないというわけである。

　1900（明治33）年頃といえば，日露戦争を前に対中国政策をめぐってさまざまな動きが出ていた時期であり，西洋諸国の植民地活動に伍して日本もまた政治上・経済上の利権を獲得すべく動きはじめた。領土の分割という深刻な状況に追いこまれた中国としてはその対応策にのり出す。康有為，梁啓超らによる「変法自強」改革は1898（明治31，光緒24）年のことであり，このあと，「中体西用」を基本原理とする洋務派官僚が出てきた。その筆頭格が湖広総督張之洞である。彼は『勧学篇』を著わして日本留学を奨励し，自らも東京に湖北路鉱学院を創設する。清朝専制の補強再編という至上目的があり，そのための人材を早期に養成すべく努力が傾けられたのである。宏文学院の開校は1902（明治35）年の1月と記録されており，この年の7月から10月にかけて嘉納治五郎が訪中しているところから，松本亀次郎の招聘については，この時期の入念な分析を要するわけだが，いずれにしても，1902年から1906年の4年間に約280名もの教職員が目まぐるしく去就しているという宏文学院の方から，松本亀次郎は中国人留学生に日本語を教えるべく招聘されたのであった。在職中清国留学生会館や湖北路鉱学院にも出かけていたという。宏文学院の全体像については蔭山雅博の研究に譲り，ここでは松本自身の回想録を紹介しながら，当時の留学生教育を考察するための素材としたい。前に若干紹介したが，松本の言を連ねてみよう。

　「当時宏文学院には，速成師範科，速成警務科及普通科の諸班があって，

速成科は8・9箇月修了。普通科は3年卒業で，班名は団結して来た地名を冠したのである。当初に僕の教授した班は普通科は浙江班，速成科は四川班と直隷班であった」

　「普通班は卒業後高等学校或は専門学校に入学して日本の学生と同じく教授の講義を聴かねばならぬから日本語の学習には熱心であった。学生中には……魯迅……陳介……厲家福……其の他秀才揃ひであった。……彼等の日本語は既に相当程度に達してをった。最早漢訳して教へなくても大体は日本語で同意語に言ひ換へて説明すれば分る程度に進んで居たが，或日助詞のにに漢字を充てる必要が生じ，には漢字の于または於に当ると黒板に書いた処が，厲家福が于於と二字書くには及ばぬ，于でも於でも一字書けば同じだから宜しいと言ひ出した。……その時魯迅が言を挿んで干於が何処でも全く同じだと言ふのではない，にに当る場合が同音同義だからどちらでも一字書けば宜しいと言ふのですと説明した。それを聴いて僕は漢文字の使用法は本場の支那人と共に研究する必要の有る事をつくづく感じさせられた」

中国文学界の第一人者魯迅（周樹人）の若き日の一齣である。彼は凝り性でもあったので日本文の翻訳はもっとも精妙で，同志間では訳文の模範にしていたという。『操觚字訣』や『助字審詳』などで漢語の面倒な使い分けを習っていた松本にとってみれば，当時20歳未満の秀才たちから日本語に適当な華文の訳字を充てるといった問題に知恵を貸してもらえるということは貴重な経験だったといえよう。普通科の在籍年数は短い者で11カ月，長い者で2年10カ月におよんだ。

　これに対して，速成師範科は平均8〜9カ月の短期間に倫理心理教育教授法物理化学博物生理数学等，教育者たるに必要な諸学科を通訳により教授しながら，週3〜4時間を日本語の教授に向けるところだった。松本の説明を続けよう。

　「日本語を習ふのは日本の書物を目で見て意味が分る様になればよろしい。然るに日本文を見ると漢字の間に仮名が交って居る。漢字の意味は分るから仮名で書いた部分の意味を教へて貰へばそれで用は足りると言ふのが彼等の

要求である。……」

　　「其処で教授者はハヨヘデニの助詞やレタの助動詞及び取ラ，派遣スの語
　尾変化と主語客語補足語説明語並に修飾語の位置構成等に就いて日本文と漢
　文との異同を比較対照して文法的に品詞論からも文章論からも明細に教授せ
　ねばならぬ。……」

　中国人留学生の要求を考えに入れながら，日本語をいかにわかりやすくしか
も体系的に教えてゆくか，という問題が松本らの前に投げかけられたわけであ
る。『言文対照・漢訳日本文典』の刊行は，宏文学院での教案づくりが契機と
なっている。すなわち，

　　「当時僕に一つ教案を立てて試みに文法を教へて見たらどうだと言われ，
　学生の要求と三澤教頭（教務長三澤力太郎氏のこと）の支援とによって一つの
　教案を作り，後に一冊の書物として発表したのが『言文対照・漢訳日本文
　典』であった」

と，彼はいう。しかも，その刊行の動機が面白い。

　　「当時教科書事件と云って教育界に汚点を印したいやな事件があって，教
　科書は文部省で編纂する事になった。其処で教科書専門の書店は大打撃を受
　けそれぞれ転向を企てた。有名な金港堂が上海の商務印書館に投資したのも
　この時分である。普及社が中外図書局に譲り渡したのも同じ頃である。中外
　図書局は……其の事業拡張の目標は当然支那に置いた。そこで鈴木氏（取締
　役）が支那の実況視察に出懸けたが，その出立前に何か支那向の新刊書を見
　本に持って行きたいといふので親友関係に在る嘉納宏文学院長に相談される
　と，僕の文法の教案がよからうと言ふので，泥縄的に僅か四五十日でルビ付
　漢訳付 46 版四百六，七十頁の書物の印刷製本を了し唯一の見本として船に
　積み込み最初上海へ向って行かれた……其の後中外図書局は成功を見なくて
　右の文典も発行権を他に譲り渡し常陸の国文堂から転々して上海の日本堂が
　震災後発行して居るが著作権は依然僕の所有に属して居る」

筆者の手許には 1929（昭和 4）年 11 月発行の訂正増補 35 版の写しがあるが，

扉には「宏文学院叢書」と付し,「嘉納治五郎先生序・三矢重松先生閲・松本
亀次郎先生著」の文字が刻まれている。嘉納の序文は漢文で書かれ 1904 年 7
月とある。内容は品詞概説・文章概説・品詞詳説の 3 編から構成され,上段に
日本文,下段に漢文をおいている。巻末には訳文の修正に協力した高歩瀛(後
の北京大学漢文科教授)や崔瑾,王振堯などが漢語で跋文を寄せており,光緒
30 年とあるところから初版本の段階で推敲の加えられたことがうかがえる。
訳文の修正にはこの他に陳宝泉(後の北京高等師範学校長)・王章祐・経亨頤ら
がいた。

　「この向の書では僕が先鞭を着けた」と松本も述べているとおり,『漢訳日本
文典』の刊行は彼を後年日本語教育の第一人者におしあげる原動力となった。
中国全土に松本の影響が及んでゆくわけだが,これは宏文学院という背景をも
ってはじめてなしえた事業でもあったことを忘れてはならない。当時,学院に
は日本語の教授者として,松本亀次郎のほかに紀田寛作,吉川襄平,小池清,
三矢重松,松下大三郎,井上翠,難波常雄,柿村重松,峰間信吉,門馬常次,
江口辰太郎,臼田寿恵吉,小山左文二,菊池金正,唐木歌吉,芝野六助,金太
仁策,大久保高明,山川友治,稲村真理,穂刈信乃,谷広闓,渡辺幾治,竹津
檪,鈴形悌三郎,戸城伝七郎,檜山友蔵,館岡政治郎,村田政夫,芝月岩吉,
福沢悦三郎,村田春江,小池清,山田麒太郎,藤島良賢,伊藤宣蔣,鈴木静,
宇井英,大貫次郎,謝□□,佐藤正範,鶴田健次,亀山玄明,青木喬,木川加
一,藤川勇吉,小泉秀之助　以上,順不同──蔭山雅博氏調査による総計 48
名ばかりが在職していた。この中には通訳のほか漢文学や教育学を兼担してい
る者もいた。

　嘉納学院長のよびかけで教科書編纂の議がおきた折,松本はその起草委員に
推挙され,彼の提案を中心に月々 1〜2 回の論議を 1 年余り重ねて『日本語教
科書(語法用例部)』3 巻が金港堂から出版されたのは 1906 年 6 月である。この
本はその後改訂を加えられて 1 冊に合本され版を重ねた。編集にあたっては,
嘉納院長自ら会議を招集し議事を進めたという。ちなみに,この書でとくに留

意されている点は接頭語の用例研究であった。

　宏文学院時代の松本は，このほか『日本語会話教科書』の編纂に携わっている。これも嘉納院長の委嘱によるもので，三矢・松下・小山・門馬・臼田のほか，立花頼重・乙骨三郎・館岡政次郎らの校閲を経ている。また，師範科講義録・日文篇の編集にも尽力した。


## 〈文豪・魯迅との出会い〉

　松本亀次郎は，1903年，嘉納治五郎率いる宏文学院の日本語教師に招聘された。当時，東京高等師範学校長である嘉納は，最初の中国人留学生が来日の折，率先して彼らの世話役を引き受けていた。宏文学院関係の資料は柔道の殿堂・講道館に保存されている。

　松本の回想録によると，学生のなかに魯迅がいて，日本文の翻訳が精妙なことから，皆が訳文の模範にしていたという。彼らは宏文学院を経て高等学校や専門学校に入学し，日本の学生と同じ講義を聴かねばならないので，日本語学習にも熱心だったわけだが，松本は留学生たちの要求を考えに入れながら，日本語をいかにわかりやすく体系的に教えられるか熱心に研究を重ねた。

　後に，松本を日本語教育の第一人者におしあげる原動力となった『言文対照・漢訳日本文典』（1904年）の刊行は，宏文学院での教案づくりが契機となっている。『宏文学院叢書』を付し，嘉納の序文は漢文で書かれた。本文は2段組みで，上段に日本文，下段に漢文を置き，訳文が比較的穏妥だというので，「留学生は誰でも彼でも1冊は買ひ求め日本語文を学ぶ津梁として呉れた」「この向の書では僕が先鞭を着けた」と松本はいう。中国内地でも各所で翻刻や謄写版にして教科書に使われたようだ。まさに洛陽の紙価を高めた名著である。

　当時，宏文学院には日本語の教授者として三矢重松・松下大三郎・井上翠など延べ48名が在職していた。嘉納のよびかけで教科書編纂の議が起きた折，松本は起草委員に推挙され，彼の提案を中心に毎月1〜2回の論議を1年余り重ねる。『日本語教科書（語法用例部）』3巻や『日本語会話教科書』など，松本

らが努力した成果が続出する。訳文の修正等には中国側の学者たちが協力した。

　松本亀次郎はこうした事業に携わるなかで，研究者としての力量を磨いた。同僚や教え子たちと共に学び合ったことになる。この時期の友情が人生をどんなに豊かなものにしたか，はかりしれない。特に，終生の友で後に文豪とされる魯迅との劇的な出会いは，近代日中関係史上に咲いた花だといえよう。宏文学院はその花を咲かせた土壌の役割を果たしたことになる。

　最近，藤山雅博の著作類[1]が公刊され，さらに宏文学院の全体像が見えてきた。

　なお，宏文学院が閉鎖されたのは，1909（明治 42）年 7 月 28 日であるから，松本の生涯にとっては 3 年半の歴史。閉校式には彼も北京から帰国したが，この間の多くの方々との出会い，特に魯迅との劇的出会いが松本に真実の勇気を与えたことを後世の私たちもしっかり認識すべきである。ちなみに弘文を宏文と改称したのは 1906（明治 39）年 1 月 17 日である。魯迅研究者北岡正子[2]の著作等にも注目していく必要がある。中国人留学生たちの「国の将来を思う真情」は嘉納治五郎や松本亀次郎の心に響いたものと解釈する北岡氏の見解に筆者も賛意を表する。

注）
1) 藤山雅博『明治日本与中国留学生教育』雄山社，2016 年を参照。
2) 北岡正子『魯迅——日本という異文化のなかで』関西大学出版部，2001 年参照。

# 第5章

# 京師法政学堂の日本人教習として

　松本亀次郎が宏文学院という当時日本でもっとも大規模な中国人留学生教育の府で日本語の教育と研究に従事していた頃，清末の中国では諸方面の近代化が進行中だった。かつて日本が明治維新にあたり，西洋先進諸国から有能な学者や技術者を招聘し，彼らを通して近代的文化を習得していったように，中国でも，この頃外国人を教習として招くことに踏みきっている。もちろん，「中体西用論」を思想的背景としての臨時的措置ではあるが，隣国日本の近代化を参考にしようとする姿勢が強くあらわれた結果であった。外国人教習といってもその9割以上は日本人で，各方面に亘り日本人教習が招聘された。

　松本が籍をおくことになった京師法政学堂も，このような中国近代化の動きのなかで誕生した。多賀秋五郎の解説では，1905（明治38）年3月20日，伍廷芳，沈家本が司法のための人材を急速に養成する必要から京師（北京）に法律学堂を設置すべきであると奏請，これをうけて同年7月3日，学務大臣が法律学堂設置を覆奏したという。そして，1906年5月5日，政務処の議覆にも給事中陳慶桂の游学を推挙する奏請のなかで法政学堂の設立について建議している旨の記述があった。かくして，7月17日，学部（日本の文部省にあたる）は進士館弁法を変通する摺のなかで京師法政学堂設置の声明を出した。「京師法政学堂章程」が頒布されたのは12月20日であり，開学は1907年春になった。章程の第1章第1条には「造就完全法政通才」をもって宗旨となすことが記さ

れている。修業年限は予科2年，正科3年の計5年と定められ，ほかに3年の別科と1年半の講習科（定員なく200〜400人を目安とする）が置かれていた。予科の入学資格は20歳以上25歳以下の者で「品行端正体質堅実中国学具有根柢者経考試録取後始准入学」とし定員は200人であった（別科は35歳以下・定員100人）。京師法政学堂の学科課程をみると，予科では人倫道徳・中国文学・日本語・歴史・地理・算学・理化・体操を両年に配し，2年目はこれらに論理学・法学通論・理財原論を加えている。注目されるのは両年とも毎期36時間で，うち日本語が1年で17，2年で14の多きを占めていた。正科に進むと，政治門と法律門に分け，各学年35時間にしている。学科目をみると，人倫道徳・皇朝掌故・大清律例・英語・体操を全学年共通に課しているほか，政治門では行政法・民法・刑法・理財学・財政学に加えて，1年で政治学・政治史・憲法・社会学・日本語，2年で政治史・商法・国際公法・国際私法，3年で商法・国際公法・国際私法・外交史・統計学が教授されていた。予科・正科・別科・講習科の「毎週課程表」は表5-1，2，3，4のとおりである。

　清末期，中国は多勢の留学生を日本に送ったが，一方で外国人教習を多数招聘した。なかでも日本からは諸分野に有能な教師を招き，近代化を期したのである。無論この制度は臨時的措置であり，遠き将来，中国が自力で近代化を推進するための布石であったことはいうまでもない。日本留学ブームを量から質に転換するために設けられた「五校特約」の制度が1908年以降15年間というぐあいに協定の期限を設けている事実から，外国人教習招聘でもってその補完をなしながら，徐々に中国全体の近代化を推進しようとする意図のあらわれだとみることができる。恰かも，明治維新期に日本がお雇い外国人の力を借りて急速な近代化を図ろうとした史実と類似している。

　松本亀次郎が招聘をうけた京師法政学堂は，1906年5月の設立建議に基づき翌年春開学している。同校は行政官養成を主目的とし，大省12，中省10，小省8人を原則として選送するよう通達が出されたという。別課は35歳以下で国文（中国文）の力が確かな者と規定された。

京師法政学堂の課程表

### 表 5-1　予科毎週課程

| 学科＼学年 | 第1学年 | 第2学年 |
|---|---|---|
| 人　倫　道　徳 | 2 | 2 |
| 中　国　文　学 | 3 | 2 |
| 日　　本　　語 | 17 | 14 |
| 歴　　　　　史 | 3 | 3 |
| 地　　理　　学 | 2 | 2 |
| 算　　　　　学 | 4 | 3 |
| 理　　化　　学 | 2 | 2 |
| 論　　理　　学 |  | 1 |
| 法　学　通　論 |  | 2 |
| 理　財　原　論 |  | 2 |
| 体　　　　　操 | 3 | 3 |
| 合　計（時） | 36 | 36 |

出所：「奏定京師法政学堂章程」第 8 条，多賀秋五郎『近代中国教育史資料・清末編』450-456 頁。）

### 表 5-2　正科毎週課程

| 政治門　学科 | 第1学年 | 第2学年 | 第3学年 | 法律門　学科 | 第1学年 | 第2学年 | 第3学年 |
|---|---|---|---|---|---|---|---|
| 人　倫　道　徳 | 1 | 1 | 1 | 人　倫　道　徳 | 1 | 1 | 1 |
| 皇　朝　掌　故 | 2 | 2 | 1 | 皇　朝　掌　故 | 2 | 2 | 1 |
| 大　清　律　例 | 2 | 2 | 1 | 大　清　律　例 | 3 | 2 | 2 |
| 憲　　　　法 | 2 |  |  | 憲　　　　法 | 2 |  |  |
| 民　　　　法 | 3 | 4 | 4 | 民　　　　法 | 4 | 4 | 4 |
| 刑　　　　法 | 2 | 3 | 2 | 刑　　　　法 | 3 | 3 | 4 |
| 商　　　　法 |  | 2 | 2 | 商　　　　法 | 2 | 3 |  |
| 行　　政　　法 | 2 | 3 | 3 | 行　　政　　法 | 3 | 3 |  |
| 国　際　公　法 |  | 3 | 3 | 国　際　公　法 |  | 3 | 3 |
| 国　際　私　法 |  | 2 | 2 | 国　際　私　法 |  | 2 | 2 |
| 理　　財　　学 | 2 | 2 | 2 | 中　国　法　制　史 | 2 |  |  |
| 財　　政　　学 | 2 | 2 | 2 | 外　国　法　制　史 | 2 |  |  |
| 外　　交　　史 |  |  | 2 |  |  |  |  |
| 政　　治　　学 | 2 |  |  | 刑　事　訴　訟　法 |  | 2 | 4 |
| 政　　治　　史 | 2 | 1 |  | 民　事　訴　訟　法 |  | 2 | 4 |
| 社　　会　　学 | 2 |  |  | 監　　獄　　学 |  |  | 2 |
| 統　　計　　学 |  |  | 2 |  |  |  |  |
| 英　　　　語 | 6 | 6 | 6 | 英　　　　語 | 6 | 6 | 6 |
| 日　　本　　語 | 3 |  |  | 日　　本　　語 | 3 |  |  |
| 体　　　　操 | 2 | 2 | 2 | 体　　　　操 | 2 | 2 | 2 |
| 合　計（時） | 35 | 35 | 35 | 合　計（時） | 35 | 35 | 35 |

出所：「奏定京師法政学堂章程」第 9 条，多賀秋五郎『近代中国教育史資料・清末編』451-454 頁。

表 5-3 　別科毎週課程

| 光緒 32 年（1906）12 月開設時 | | | | 光緒 34 年 8 月改定 | | | |
|---|---|---|---|---|---|---|---|
| 学　科 | 第 1 学年 | 第 2 学年 | 第 3 学年 | 学　科 | 第 1 学年 | 第 2 学年 | 第 3 学年 |
| 人 倫 道 徳 | 2 | 2 | 2 | 人 倫 道 徳 | 2 | 2 | 2 |
| 皇 朝 掌 故 | 2 | 2 | | 大清会典要義 | 2 | 2 | |
| 大 清 律 例 | 2 | 2 | | 大清律例要義 | 4 | 4 | 2 |
| 政 治 学 | 2 | | | 政 治 学 | 2 | | |
| 法 学 通 論 | 2 | | | 法 学 通 論 | 2 | | |
| 理 財 原 論 | 2 | 2 | | 理 財 原 論 | 2 | 2 | |
| 憲　　法 | 2 | | | 憲　　法 | 2 | | |
| 行 政 法 | 2 | 3 | 4 | 行 政 法 | | 3 | 4 |
| 民　　法 | | 3 | 5 | 民　　法 | 3 | 3 | 5 |
| 刑　　法 | 2 | 3 | 4 | 刑　　法 | 2 | 2 | 5 |
| 商　　法 | | 2 | 3 | 商　　法 | | 2 | 3 |
| 裁判所構成法 | | 1 | | 裁判所構成法 | | 1 | |
| 国 際 公 法 | | 3 | 3 | 国 際 公 法 | | 2 | 4 |
| 国 際 私 法 | | 2 | 2 | 国 際 私 法 | | 2 | 3 |
| 財 政 学 | | 2 | 3 | 財 政 学 | | 2 | 4 |
| 論 理 学 | | | 2 | 弁　　論 | | | 2 |
| 世 界 近 代 史 | 2 | | | 世　界　史 | 4 | 2 | |
| 地 理 概 説 | 2 | | | 世　界　地　理 | 4 | 2 | |
| | | | | 算　　学 | 3 | 3 | |
| 日　本　史 | 12 | 6 | 6 | 格　　致 | 2 | | |
| 体　　操 | 2 | 2 | 2 | 体　　操 | 2 | 2 | 2 |
| 合 計 (時) | 36 | 36 | 36 | 合 計 (時) | 36 | 36 | 36 |

出所：「奏定京師法政学堂章程」第 10 条，および「法政学堂別科課程片」多賀秋五郎『近代中国教育史資料・清末編』453-454，503-504 頁。

表 5-4 　講習科毎週課程

| 　　　　　学　年<br>学　科 | 第 1 学期 | 第 2 学期 | 第 3 学期 |
|---|---|---|---|
| 人 倫 道 徳 | 3 | 2 | 2 |
| 中 国 文 学 | 10 | 4 | 4 |
| 法 学 通 論 | 2 | 1 | |
| 憲　　　法 | 2 | 1 | |
| 行 　政 　法 | 4 | 4 | 5 |
| 刑 　　　法 | 4 | 4 | 5 |
| 民 　　　法 | | 6 | 6 |
| 裁判所構成法 | | 1 | 2 |
| 国 際 公 法 | | 3 | 4 |
| 理 　財 　学 | | 3 | 4 |
| 財 　政 　学 | 3 | 3 | 4 |
| 世 界 近 代 史 | 4 | 2 | |
| 地 理 略 説 | 4 | 2 | |
| 合 計 (時) | 36 | 36 | 36 |

出所：「奏定京師法政学堂章程」第 29 条，多賀秋五郎『近代中国教育史資料・清末編』455-456 頁。

ここで，松本の回顧録を引用しておきたい。

「京師法政学堂に僕の招聘せられたのは 1908 年の 4 月である。法政学堂の前身校は進士館と云って官吏養成の学校であった。総教習には法学博士厳谷孫蔵氏，副教習には現博物館総長法学博士杉栄三郎氏其の他矢野仁一氏（京大教授文博）小林吉人氏（元福岡中学校長）井上翠氏（後の大阪外語教授）などが居られ，清国側は学部左丞の喬樹枏氏を監督とし早大卒業の林棨氏（満洲国最高法院長）を教頭とし曹汝霖・章宗祥・陸宗輿・汪栄宝・范源廉・江庸・張孝抒・姚震・汪儀芝・曽彝進・黄徳章・夏燸時・朱紹濂等の諸君が我が帝大・早大・慶大・中央大・法政大等を卒業して隆々たる声望を有し官途に就きながら教授或は通訳を兼ねておられた。然るに通訳を用ひずして成るべく日本語で直接に日本教習の講義を聴き得る様にしたいといふので，僕より先に小林・井上両氏が其の教授に当って居られたが，クラスが殖えたので宏文学院で知合の井上氏が（松本を）推薦して呉れた。前に述べた支那側の先生達で直接間接に僕を知ってをってくれたので日支両方面の教習諸氏の合意的紹介に依って，僕は宏文学院を辞して同学堂へ聘せられる事となった」

上記のような事情により，松本の日本語教育は中国大陸にその所を与えられたわけである。その場合，中国人に日本語を如何にして教えるか，が主目的であるから，日本ではなく，現地の中国で日本語を教えながら，日中両言語の関係を明らかにすることは重要な意味をもっていた。宏文学院にそのまま留まっていたら，彼の日本語教育はおそらく一頓挫を来たしたことだろう。

革命前夜の中国が，屈辱的な治外法権を撤廃し，開明的立憲君主国家への移行をなしとげようという意図を以って設置した京師法政学堂に，日本人教習として招請をうけた松本が，そこで見，体験した教育と研究の内実は何であったか。中国人留学生教育は量から質の推移期に入っており，東京の宏文学院でさえ 1909 年には閉校となる。幸い松本自身は中国本土に渡り，日本教習 2 年の契約を 4 年に更新し，さらに 1911（宣統 4）年の春には，留日学生予備学校を北京に設置するの奏議が裁可されて，彼もそのまま聘用される内約であったと

いう。日本語教育における彼の力量は中国本土においても高く評価されていたことの証左である。

　日本語教育の実地検証を松本北京時代における第1の意義とすれば，第2のそれは松本の交際範囲がいちじるしく拡大したことであろう。日本教習全体からみた場合，松本の社会的位置はそれほど高いものではなかったかもしれない。しかし，研究者としては満足していたのではないだろうか。

　「其の頃北京大学には服部宇之吉博士，法律学堂には岡田朝太郎・小河滋次郎・志田鉀太郎・松岡義正諸博士，財政学堂には小林丑太郎博士，巡警学堂には川島浪速氏，町野武馬氏（少将），北京尋常師範学堂には北村沢吉博士，芸徒学堂には原田武雄・岩瀧多麿諸氏が居られた。又公使館には公使として初め林権助男，後に伊集院彦吉男，書記官に本田熊太郎，松岡洋右氏，広田弘毅氏，公使官付武官に青木宣純中将，本庄繁大将などが居られ……後に名を成した人々が斯くの如く多数に北京に集って居られた事は実に奇縁と謂ふべきで碌々僕の如きも北京に居つたればこそ其等の人々の謦咳に接し一面の識を忝うするを得たのはせめてもの思出と言はねばならぬ」

　このように幅広い交際範囲のなかで知遇をえたことは，松本の後半生に多大の影響を及ぼすとみるべきである。後述の東亜高等予備学校の創設・運営に対して，松本を理解し激励した人びとの多くはこの北京時代に交流のあった人達である。その一人杉栄三郎は最上の知己であった。

　第3の意義は，松本亀次郎の中国観がこの北京時代に再構築されたことである。後に弟子の一人となる汪向栄は，祖父が京師法政学堂で日本の教習と仕事をされたこともあって，後年松本に師事し互いに理解しあえる間柄になるのだが，松本の中国観がいかに正鵠を射ていたかについて例証している一人だ。松本の中国認識がこの時期に形成されたことを思えば北京時代の重みが出てくる。

　一方，松本亀次郎が東京から北京へ異動前の宏文学院で魯迅たちと楽しい語らいをしていた頃，日本全体ではどのような留学生教育がなされていたのか考

察してみよう。

　帝国大学への進学コース・第一高等学校特設予科が中国人留学生教育にかかわりを持つようになったのが1899（明治32）年9月，外務省より委託された8人を大学予科第一部（法科）1年と第二部（工科）1年に各4人ずつ聴講させたのが最初である。続いて1903年12月，京師大学堂の学生を31人選抜して一高に入学させる件が文部省から達せられた。清国政府としては，一高卒業後さらに帝大等に進ませ将来重要な地位に任用する目的で学生を派遣したいというのであった。翌年1月，狩野亨吉校長は一高生徒全員を倫理講堂に集め，その委曲を告げた。校友会雑誌133号には下記のような記事が掲載されている。

〈資料〉　清国留学生1入校

……回顧ス千歳ノ昔，我国常ニ留学生ヲ唐土ニ送リ以テ其ノ文化ヲ伝フ，爾来数百歳我ノ開明彼ニ負フ処アラザルナシ，泰西ノ文化一度東スルニ及ンデ，我ハ嶄然トシテ長足ノ進歩ヲナシ，以テ幸ニ一日ノ長ヲ得タリ，彼亦我ニ許スニ先進国ヲ以テシ，遂ニ留学生ノ事ヲ見ルニ至リヌ。友邦千歳ノ恩誼今ニシテ此ニ報ユベシ，復タ近代ノ快事ニアラズヤ。……此レ皆北京大学ノ俊秀，其ノ間幾多ノ吉備真備ヲ生ズル未ダ知ルベカラズ，今回ノ事タル実ニ清国ニトッテ其ノ開発ノ一新紀元タルベキノミナラズ，我国百年ノ大計ノ存スル処タラズンバアラズ。一千ノ校友諸君願クハ双手ヲ開イテ千里負笈ノ客ヲ迎ヘヨ，赤誠ヲ吐露シテ遠来三十ノ友ニ接セヨ，向陵健児が勤倹尚武ノ風，移シテ以テ友邦開発ノ資タルニ足ラン，諸君ガ一片同情ノ誠，願クハ国家ノ大計ヲ完了スルヲ得ン，衣食ノ事当局此ニ当ラン，研学ノ事教官此ニ任ゼン，気ヲ養ヒ風ヲ旺ニスルノ事ニ至ッテハ吾人ヲ俟ッテ始メテ成ル。是レ復タ先進国学生ノ本領ニアラズヤ，一高健児の快事ニアラズヤ。

　さて，松本亀次郎が北京に招聘された1908年頃の日本では，どれ程の中国人留学生が来日していたのだろうか。外務省記録文書で調査した在籍者数を①文部省直轄学校，②在東京公私立学校，③地方公私立学校（いずれも1907・

1908) に分けて示すと下記のようになる。

表 5-5　明治末期の留学生状況
文部省直轄学校在籍者数 (1907 年)

| 学校類別 | | 学生数 (人) | |
|---|---|---|---|
| | | 計 | 学校名 (学生数) |
| 帝　　　　大 | | 45 | 東京 (35) { 法科 (18)　医科 (1)　工科 (1)　文科 (3)　理科 (2)　農科 (10)　京都 (10)—法科 (8)　医科 (1)　文科 (1) |
| 官　公　立　大　学 | | 19 | 札幌農科 (19) |
| 高　　　　師 | | 46 | 東京 (44)　　広島 (2) |
| 高　　　　校 | | 58 | 一高 (31)　　二高 (5)　　三高 (13)　五高 (3)　　七高 (6) |
| 官公立専門学校 | 高　　　　農 | 9 | 盛岡 (9) |
| | 高　　　　工 | 98 | 東京 (73)　　京都工芸 (2)　　大阪 (23) |
| | 高　　　　商 | 41 | 東京 (41) |
| | 外語・美術・音楽 | 28 | 東京外語 (15)　　東京美術 (4)　　東京音楽 (9) |
| | 医学・歯学・薬学 | 19 | 千葉 (18)　　長崎 (1) |
| 計 | | 363 | |

出所：「直轄学校収容清国留学生 (明治 40 年 4 月調査)」
　　　外務省記録文書『在本邦清国留学生関係雑纂第一　陸軍学生・海軍学生外ノ部』。

　予備教育の面で注目すべきは「五校特約」制度である。すなわち，清国政府の依頼を受けて成立発足するわけだが，1907 (明治 40) 年，第一高等学校 (毎年 65 名)，東京高等工業学校 (40 名)，東京高等師範学校 (25 名)，山口高等商業学校 (25 名)，千葉医学専門学校 (10 名)，合計 165 名の算出基準は大省 (13) が各 9 名，小省 (9) が各 6 名で，学生一人当たり 650 円のうち 200～250 円ずつを各省に分担させるという制度，しかも 15 年満期の年には全員卒業させる予定でスタートしたわけだが，この官費生に採用されるためには，各校の競争入学試験に及第せねばならなかった。そのため日本で予備教育を受ける青年学生が多数いたという計算である。

　五校特約が留学制度史上注目される所以は，次の特色に示される。第 1 は，両国政府間に結ばれた本格的な契約であること，第 2 は，中国全土を統一的に把握した上で計画されたこと，第 3 は，当時各省で傭っていた外国人教師を将

表 5-6 在東京公私立学校在籍者数（1907 年）

(人)

| 学校名 | 学生数 | 学校名 | 学生数 | 学校名 | 学生数 |
|---|---|---|---|---|---|
| 法政大学 | 1,125 | 東京薬学校 | 8 | 順天求合社 | 2 |
| 早稲田大学 | 820 | 東京高等農学校 | 7 | 東京学院 | 2 |
| 明治大学 | 454 | 慈恵医院医学専門学校 | 2 | 明治高等予備校 | 2 |
| 日本大学 | 109 | 宏文学院 | 911 | 独逸学協会中学校 | 1 |
| 中央大学 | 104 | 経緯学堂 | 542 | 海城中学校 | 1 |
| 慶應義塾 | 11 | 東斌学堂 | 321 | 実践女学校 | 47 |
| 東洋大学 | 5 | 振武学校 | 286 | 高等圭文美術女学校 | 19 |
| 東京警監学校 | 213 | 東京同文書院 | 145 | 女子美術学校 | 14 |
| 東亜鉄道学校 | 165 | 成城学校 | 110 | 東京音楽院 | 12 |
| 岩倉鉄道学校 | 153 | 研数学館 | 89 | 女子音楽学校 | 4 |
| 日本体育会体操学校 | 80 | 正則英語学校 | 24 | 東洋女芸学校 | 4 |
| 東京鉄道学堂 | 64 | 正則予備校 | 25 | 共立女子職業学校 | 4 |
| 東京物理学校 | 45 | 国民英学会 | 22 | 女子学院 | 3 |
| 同仁医薬学校 | 35 | 大成学堂 | 17 | | |
| 工手学校 | 18 | 独逸語専修学校 | 5 | 計 | 6,030 |

出所：「自四十年七月至同年十二月清国留学生異動調（明治 38 年省令第 19 号ニ依ル）」
外務省記録文書『在本邦清国留学生関係雑纂第一 陸軍学生・海軍学生外ノ部』。

表 5-7 地方公私立学校在籍者数（1907 年）

| 府県別 | 学生数（人） | |
|---|---|---|
| | 計 | 学校名（学生数） |
| 岩 手 | 3 | 県立農学校（3） |
| 京 都 | 12 | 法政大学（8）　染職学校（2）　府立一中（2） |
| 大 阪 | 1 | 師範学校（1） |
| 長 崎 | 17 | 活水女学校（17） |
| 福 岡 | 10 | 福岡工業学校（10） |
| 計 | 43 | |

出所：表 5-6 に同じ。

注）「中国人日本留学史関係統計（二見剛史・佐藤尚子調）」は外務省記録文書から作成
（『国立教育研究所紀要』第 94 集（昭和 53 年 3 月）99～118 頁に収録した。

来解雇し，中国人自らの手で高等専門の教育が行えるようにしたいという意図を持っていたこと，第4は，日本の高等専門教育の水準を高く評価していること，等である。これらは，留学生教育のあり方を量から質へ転換させるために大きく機能することとなる。

　一連の科挙制度改革を背景に爆発的なブームをよび起こした日本への留学，1907年現在で高等専門教育以上の学校を志願するものは2,000人を超えたといわれる。これら留日学生群に対し，清国政府は有能かつ従順なる臣下の養成を期待したのであった。とりわけ，文部省直轄学校に特設予科を設けることにより，日本語を中核とする予備教育段階を質的に高め，近代学術を本格的に体得させる仕組を用意したことは，その後の留学生教育のあり方に強力な方向性を与えることとなった。五校特約の成立は，中国人の日本留学に新しい分野を開拓すると共に，その内容を充実させる上で重要な機能を果たすわけである。

　なお，ここで，当時の留学生一半の状況を明らかにしておきたい。すなわち，日露戦争を転機とする清末中国を巡る国際情勢の変化が清朝打倒を叫ぶ過激派留学生群を強く刺激していたことである。五校特約制に先立って，1906年，駐日公使王大燮の手で「遊東学生監督規定」が作成され，公使館内に学生監督（事務）処が設置された。総監督は公使兼任で，その下に副監督と経理員を配置し清国側みずから留日学生の監督，指導にあたることとなった。ここを足場に，清朝政府は過激派学生を弾圧する態度を次第に強化するわけである。日本側にもしばしばそのための協力を求めていた。

　五校特約制度は，如上の状況を若干意識しながらも，留学生教育内容の質的水準を高めるために政府間で企画されたものであった。数的には僅少に留まったが，特約生の中から，その後の日中文化交流のため尽力する人材が多く輩出していくわけである。


　1900年代初期，松本亀次郎の活躍舞台は東京から北京へと移行した。彼の生涯を研究歴の面から分類すれば，宏文学院在職期は大学院時代といえるかも

しれぬ。そして，京師法政学堂時代は「海外留学時代」と考えてもよいのではないか。彼自身の回顧録も加味しながら，同学堂の教育内容をさらに触れてみよう。

まず，中国側の顔ぶれを紹介する。

監督：喬樹栴（学部在丞），

教頭：林棨，

教員：曹汝霖・章宗祥・陸宗輿・汪栄宝・范源濂・江庸・張孝移・姚震・汪
　　　犧芝・曽甕進・黄徳章・夏燸時・朱紹濂

そのほとんどが日本の帝国大学のほか，早稲田・慶應・中央・法政等有力私学に留学したスタッフである。たとえば，林棨は，早稲田大学卒業でのちの満州国最高法院長，張孝移も早稲田大学卒業で日本留学中は宮島大八の指導を受けたが，宮島自身が若き日，清に留学し，張の祖父・張濂卿に師事し，中国語を学んだ本格派であった。筆者が特に注目した人は，汪栄宝，のち孫の汪向栄が日本に留学する際「松本亀次郎先生がおられるから安心して訪日しなさい」と進言されたらしい。

日本人教習の顔ぶれについては，やや詳しく説明しておく。すなわち，

○巌谷孫蔵（銀600元・住宅料45元）＝法政学教授，京都帝国大学法科大学
　教授・法学博士，明治35年10月契約，東京府出身

○杉栄三郎（銀360元・住宅料45元）＝公法経済学教授，検査官補，明治35
　年10月契約，岡山県出身

○矢野仁一（銀360〜400元）＝政治史外交史政治地理科教授，東京帝国大学
　文科大学助教授，明治38年4月契約，山形県出身

○小林吉人（銀210〜400元）＝日本語教授（論理学及日本語），明治40年5月
　契約，熊本県出身

○井上翠（銀180〜200元）＝日本語教授，東京府立第一中学校教諭，明治40
　年9月契約，兵庫県出身

○松本亀次郎（銀180〜200元）＝日本語及日本文教授，佐賀県師範学校教諭

（兼舎監），明治41年3月契約，静岡県出身

　中国では，当時，大学が未完成であった。したがって，京師法政学堂は最高の学府であり，学科課程もかなり高度で進歩したものだったという。宗旨は「造就完全法政通才」，法政に通じた行政官養成を目的としていた。

　中国に初めて近代教育制度を発足させるという場合，諸外国の中で宜しく範とすべきは日本である，という認識から，新学制実施の中枢となるべき人選が日本外務省に委嘱された。その中に松本亀次郎も選ばれたということになる。京師法政学堂では日本の帝国大学法科の科目に等しい内容を授けるわけだが，清朝では，洋務派官僚の雄・張之洞・栄慶・張百熙らの構想をもとに，松本も有力なスタッフとして活躍する一員になったのである。

　松本や井上らは日本語教育を主に担当するわけだが，日中関係の要となる「日本語」の役割は大きなものがあった。彼は同僚間においても教師として高い評価を与えられていた。

　最上の知己であるとともに上司である杉栄三郎は次のように評価している。「松本君は資性温厚篤実の君子人で，其の人柄は，真に学生の胸裏に反映し，学生は君を敬信し，忠実に其の教授を習受した」と増田実の『松本亀次郎先生傳』には記録されている。

　筆者は，松本の直弟子・汪向栄教授とは静岡県大東町で数回，北京での国際会議やNHK取材のご自宅訪問などで言葉を交わしてきたが，そのたびに確認した同教授の言を胸に刻んでいる。

　汪向栄は，戦時下の日本留学で古代史を勉強し，のち北京大学教授となられた研究者であるが，祖父が松本亀次郎と京師法政学堂で同僚だったことを回顧しながら言われていたことを伝えてくださった。「日本には悪い人も多いが，良い人もおられる。松本先生は正しくそのような人格者（良い人）だった」「日本人民も全ての人が悪いわけではないと祖父たちも言っていた」。

　汪向栄が語る松本亀次郎については，幸い，平野日出雄による長文の聞き書

きが残されている。解説「汪向栄青年と松本先生」と題し汪向栄の「回想記」（1982 年 2 月，於北京）を紹介している。長文に亘るのでその一部しか紹介できないが，（近き将来）そこに盛られている記述の確認を施してゆければと思う。

　北京での実地研修体験は足かけ 5 年，教習たちはいったん日本へ引き揚げた。逆に日本在留の留学生もほとんど帰国し，政情安定とともに再び来日する。

　そもそも，革命前夜の清末期，京師法政学堂等に課せられていた時代の要請には，屈辱的な治外法権を撤廃し開放的な立憲君主国家への移行をなしとげようとする清国政府の政治的意図があった。法政学堂や法律学堂等は清朝のいわば切札として最大の期待が寄せられていた専門教育機関つまり大学の前身だったのである。

　そうした中国側の事情があったわけだが，日本人教習たちは，それぞれの学問分野を伝達する使命を持ち，隣国のために精進していたわけである。松本亀次郎は新しい研究・教育の場を与えられて，一段と光彩を放つことになる。

　なお，清末期中国における教育の近代化を論究するために，共同研究を組んだことがある。日本人教習として研究対象にした教育者として，服部宇之吉や渡辺龍聖，張之洞，菊池謙二郎，松本孝次郎等に注目したのは宏文学院研究の第一人者蔭山雅博氏だった。蔭山氏の功績は大きい。筆者とは中国本土で視察訪問をしたこともある。「京師法政学堂」について，筆者は松本亀次郎を対象に考察を進めた。蔭山氏には，中国文の研究書もある。

　総じて，松本亀次郎の北京在職時代は，日本語教授として卓越せる能力を発揮すると共に，中国側の信任も厚く，教育者としての本領を存分に発揮できた時間であった。同時に「学問」の本道を歩いていたと評価できる。筆者は松本の姿勢を「時代を超え，国境を超えた」教育者であると表現したい。単なる語学教師ではなく，教育哲学者であったと思うのである。中国の教育者たちと学び合いながら，学問研究の在り方を探求し実践した人であると言いたいのである。

　第 5 章は，共同研究の中でまとめてきた論文等を総括する流れの中で執筆し

た。次章の中で，帰国後の行動については論述することにしよう。

　※　京師法政学堂に関する研究は，北京で発表する前後に共同研究の報告書や共著
　　の中などで公刊した。
　　その1「京師法政学堂と松本亀次郎」阿部洋編『日中教育文化交流と摩擦——戦
　前日本の在華教育事業』第一書房，1983 年，pp.75〜98 所収。
　　内容は，Ⅰ 京師政政学堂と日本人教習　Ⅱ 松本亀次郎の日本語教育　Ⅲ 松本
　北京時代の教育史的意義。
　　その2「京師法政学堂の日本人教習」『国立教育研究所紀要』第 115 集　1988 年，
　pp.75〜90　所収。
　　内容は，1 京師法政学堂の成立　2 京師法政学堂の教育　3 日本人教習の活躍
　（英文要約）
Japanese Educators at Beijing Academy of Political Science（Research Bulletin of
the National Institute for Educational Research No26, 1989. pp. 30〜31）
　　なお，学会発表としては，
　①　「清末中国の近代化と日本人教習——京師法制学堂を中心として——」九州
　　　教育学会 1981 年 11 月 19 日　（於宮崎大学）
　②　「京師法制学堂時代的松本亀次郎」〈通訳徐建新〉 中国中日関係史研究会・
　　　国際学術討論会　於北京市　1988 年 10 月 25 日
　③　「日中の道・天命なり——日本語教師・松本亀次郎——」（NHK　ETV 特集
　　　として全国放送，1994 年 8 月 23 日，同年 9 月 17 日再放送）
　④　「戦前日本における留学生教育——松本亀次郎と谷山初七郎——」九州教育
　　　学会 1994 年 11 月 12 日（於宮崎大学）
　等々が続いている。

# 第6章

# 東亜高等予備学校の創設とその展開

　東亜高等予備学校は，1914（大正3，民国3）年3月，松本亀次郎によって設立され，10年後，日華学会の経営下に入り，第二次世界大戦終了の1945年まで存続した。その30年間を便宜上3期に分けて論及してみよう。

第1期　1914（大正3，民国3）―――1925（大正14，民国14）年
　　　　設立より日華学会に譲渡されるまで

第2期　1925（大正14，民国14）―――1935（昭和10，民国24）年
　　　　日華学会の経営下で東亜学校と改称するまで

第3期　1935（昭和10，民国24）―――1945（昭和20，民国34）年
　　　　改称後，高等科設置を経て閉鎖するまで

　なお，日華学会の記録そのものは，『日華学報』（昭和2年8月10日創刊）に掲載されている。松本亀次郎の『留学生教育小史』等も連載文の中から生まれた著作の一つである。

　ところで，東亜高等予備学校の存在した約30年間は，日中両国をとりまく国際情勢がきわめて険悪な状態におかれていた時期である。留学に関していえば，中国人の対アメリカ留学が盛行したことに刺激されて，日本が大東亜共栄圏の確立を旗印に一種の文化的巻き返しを試みたわけで，「対支文化事業」[1]の推進はその一環であった。こうした政治上の変化が留学生教育にいかなる波紋を投げかけたか，具体的事実に即して検討したい。一体，中国人が日本留学に期待したものは何であったのか，日中交流の歴史的重層性を把握した上で従来

の留学思想を両国が反省し，留学生教育の足跡を謙虚に問い直してみることは今日的な重要課題であるといわねばならない。

東亜高等予備学校の研究[2)]は，このような日中両国の文化摩擦の動態を察知するための具体的な事例として注目に値する。創設初期の理想が充分に生かされていない面もあるが，日華学会の経営のなかで高等科設置を行っている点や教職員が6年半の年月を閲して編纂した『東亜日本語辞典』の完成など従来ほとんど看過されていた事実等もあり，東亜高等予備学校の研究には未開拓な分野がまだきわめて多い。

ここで過去の歩みをふりかえってみよう。

中国から留学生が来日した最初は，1896（明治29，光緒22）年であった。清国公使裕庚（祐庚？）が，日本政府（当時の文相兼外相西園寺公望）を介して高等師範学校長嘉納治五郎に官費留学生13名の教育方を依頼した。嘉納は之を了承，同校教授本田増太郎を主任とし教師数名を聘して日語・日文および普通科の教授を始めた。塾同然のものであったという。留学生のなかには，唐宝鍔，戢翼翬，胡宗瀛の如き，専門を修め，帰国後殿試に及第，進士となった者もいる。

日本留学の起爆剤となったのは，湖広総督張之洞の『勧学篇』(1898) だといわれる。

「遊学の国に至りては西洋は東洋（日本）に如かず，

一．路近くして費を省き，多く遣すべし。

一．華を去ること近くして考察し易し。

一．東文（日文）は中文に近くして，通暁し易し。

一．西学甚だ繁，凡そ西学の切要ならざるものは，東人已に刪節して
　　之を酌改す。

　中，東，の情勢風俗相近く，彷行し易し。

　事半にして功倍すること，此に過ぐるものなし」(遊学)

梁啓超もまた『大同訳書局叙例』のなかで「同志を聯合して，はじめて此の

局を為る。東文を以て主となし，輔くるに西文を以てす。政学を以て先となし。次ぐに芸学を以てす」と述べている。当時の指導者たちが日本留学および日本書の翻訳をいかに重視したかがわかる。

　華僑の多い横浜に大同学校なるものが誕生し，校長犬養毅，柏原文太郎らがこれに関係したのは1897（明治30）年である。康有為の門人徐勤の手になるものだが，犬養ら政界の第一人者が関係している意義は大きい。近衛篤麿の東京同文書院，川上操六の成城学校留学生部，福島安正の振武学校，寺尾亨の東斌学堂等々陸続として中国人留学生のための学校が設けられた。法政大学の速成科，東洋大学の警監速成科，警視庁の警察速成科のような，通訳を用いて教授する速成的な施設もあった。統計によれば，1906（明治39，光緒32）年5月末現在の学生数は直轄学校262，公私立学校7,021，計7,283人にのぼり，その大半は東京に集中していた。

　日清・日露両戦役を介在したこの時期は中国人の日本留学勃興期と称すべきであるが，中国の近代教育制度整備期でもあった。しかも，制度の基礎とされる「奏定学堂章程」(1903) は，日本の学校体系をモデルにしており，後述の外国教習とも相俟って，日本への依存度を高めていたのである。科挙制度の廃止(1905)，義務教育の試行 (1907) といった具体的政策がとられた時期でもあった。施設と人材の不足により，一般人民大衆の就学にはまだ程遠い状況下におかれてはいたが，近代化への試みが地道に行われたのである。

　1906年2月，清国政府は「選送留日学生制限辮法」を定め，日本留学の基準を中学卒業程度としたが，これは，留学方針の転換を示したものといえる。黄紹箕（張之洞の女婿）を団長格とする提学使が来日し，約3カ月に亘って日本を視察したのは同年夏のことであった。提学使とは同年学政（布政使と並ぶ官職）に代わって設立された提学使司の職務を管弁するもので，中華内地の教育振興にあたり各国の教育視察を試み，その第一陣を日本としたのである。日露戦争に勝ち成金時代の渦中にあった日本は，留学生教育に大きな期待をかけ朝野をあげて歓迎したわけであろう。

　提学使が帰国後打ち出した方針は，しかし，官費留学生派遣の漸次縮小という，日本側の期待とは逆のものであった。「可憫教育頼他邦」と慨歎した憂邦詩人があり，「日本に留学するのは，同文の関係上速成の便は有るが，浅嚙りである。科学の本家は欧米であるから欧米への留学生を多くした方が国家の利益である」という主張があった。速成科や中学未卒業者の日本留学を廃止し，人材養成の質的向上を企図した中国側の立場を理解した上で，新しい留学制度が樹立されるべき時期に来ていたといえよう。

　1907（明治40，光緒33）年に成立した「五校特約」，すなわち，文部省直轄5校に清国留学生を入学せしめる協定は，「量から質へ」の政策転換を明らかにしたものである。それまでの留学生は，法政・師範・巡警・理科・音楽等々の速成科留学生が大多数を占め，進士・挙人・貢生・附生等の資格をもち且つ現職に在る者が講習的に派遣される場合も多かった。しかるに，中国内地でも小中学や師範学校・専門学校等各種の学校が設置されるようになり，速成的教育をうけた留学生が各地に充満してくると，より高い水準の教育を日本留学に期待するのは当然の方向である。

　その後の歴史が示すように，政局不定のなかで当初の計画どおりに進捗してはいないが，特約校に指定された官立学校には，留学生受け入れへの努力を継承したところが少なくない。とくに，帝国大学入学の窓口となった第一高等学校特設予科と，後年大学に昇格し中国全土に多くの卒業生を送りこんだ東京高等工業学校特設予科は注目に値する。

　かつて全盛を極めた宏文学院をはじめ，経緯学堂，東斌学堂，法政速成科，巡警速成科等が相次いで閉鎖されるなかで，特約校の入学試験に合格し官費留学生になろうとする者のために存続した学校もあることをここで明記しておかねばならない。いわゆる特約校への予備教育を施す学校が要望せられていたのであり，成城学校，東京同文書院等はその代表といえる。

## 〈東亜高等予備学校の創設〉

　武昌で第一革命が勃発したのは 1911（明治 44）年 10 月であった。この事件は留学生教育の在り方に少なからぬ影響を与えている。日本在留の中国人留学生はほとんど全員帰国するし，清国各地に招聘されていた日本教習は応聘期間中にも拘らず帰国のやむなきに至る。当時北京では，北京大学堂をはじめ主要な学校等に日本人の教習が居り，日本帰りの留学生が通訳となって重用せられていた。数においても活動力においても欧米帰りの者を圧倒する勢いで，宣武門内には留日学生会館が設立されており，清華学校に対抗して留日学生予備学校を設置する奏議が裁可された直後であった。松本亀次郎も日本人教習として杉栄三郎らと共に京師法政学堂に招聘され，留日学生予備学校が実現すればその日本語教習として引き続き聘用される内約であったといわれる。革命の余波は人間の運命を変えるわけである。

　しかし，革命の結果，彼らもいったんは帰国する。松本亀次郎は，帰国後，東京府立第一中学校の教諭をつとめた。

　1913 年 8 月，湖南省からきた留学生曽横海の懇請をうけて，留学生のための教育に松本みずから関与することとなった。第一革命以後，論功行賞的に派遣される多数の留学生を収容するため，はじめ日本大学および東洋商業学校の教場を借りて，三矢重松・植木直一郎・高橋龍雄・山根藤七・吉澤嘉寿之丞らを講師に教育が開始された。

　翌年 1 月，借教室にては不便多きにより松本自身が設立者兼校長となって自費を投じ，杉栄三郎，吉澤嘉寿之丞の設立者名を得て神田区中猿楽町に 2 階建110 余坪の校舎を新築，日華同人共立東亜高等予備学校と命名，12 月 25 日付で私立学校の設立認可をうけた。校名のなかに「日華同人共立」を冠した理由は，留学生曽横海の精神的功労を記念するためという。

　当初の学科目は，日本語・英語・数学・物理・化学・用器画等である。教授陣は上記（日本語）の三矢・植木・高橋・山根・吉澤に加えて，英語に山田厳（学習院教授）・内山常治（日進英語講師），物理化学に笠原留七（東京高等工業学

校教授）・野田市太郎（同上）・佐藤常吉（電機学校講師）・飯島与市，図画に平井富夫（一高講師），日本語に堀江秀雄（国学院教授）・佐藤仁之助（早稲田大教授）・数納兵治（北京新民学院教授）・元田修三（文部省国語調査課嘱託）・平野彦次郎（陸軍教授）・有田国助（国学院卒）・岡部健介（同上）らを増聘し，松本校長自身も校務を処理しながら1日8時間ずつの授業を担任した。ここでは，学年制をとらず，講座式にして，1分科ごとに1日2時間とし2〜3カ月で修了するように配慮した。その際，学科（講座）兼修を許し，入学者の増えるごとに組を加増していった。東京は水道橋付近で交通の要地に位置することも学生蝟集の要因となった。

翌1915年7月，東亜高等予備学校賛助会を設け，資金を募集することとなる。これには，伊集院公使や渋沢子爵の斡旋があり，三井・三菱・正金・満鉄・台銀・郵船・古河・東亜興業等の諸会社，個人では門野重九郎・加藤定吉・高木陸郎・厳谷孫蔵・飯田邦彦・服部宇之吉・三矢重松・杉栄三郎らの寄付を仰ぐことができた。金額はおよそ1万6,000円にのぼる。

1919年5月，神田区中猿楽町6番地に約190坪の土地を買収し校舎を増築したがこれには上記の資金に加えて門野重九郎の特別援助がなされている。翌年2月，よりよき発展を図るため，時価2万円におよぶ校舎建物一切を資金として財団法人に組織を改めることになった。寄付行為の設置者には松本・吉澤・杉がなり，理事は設置者3人に厳谷・服部・飯田・三矢の4人を加え，3月25日付で文部省より財団法人設置の許可をえた。増築工事も進められ，校舎の総延坪は500余坪になる。かくして，1,000名前後の留学生がここに集まり，上級の学校に入る者の成績も良好で，内外の信用を博するようになった。経費は主として学生の授業料によっていたほか，校舎の貸出利用もなされている。たとえば，佐川春水が日進英語学校を創設経営するについては，東亜高等予備学校の一部を借用し，直接留学生を教育しながら間接には経済的援助を与えたのである。

ここで，同校創設の折に教頭役を引き受けていた吉澤嘉寿之丞[3]について

言及しておく。1873（明治6）年富山県生まれ，東京物理学校に入学，1900年旧制県立会津中学校に数学担当教員として赴任した。在任中森田政子と結婚，長男一郎が森田家を相続している。嘉寿之丞自身は，その後明治大学高等予科に着任，明治大学が開校した経緯学堂の教師も兼任した。ちなみに，経とは「東亜先聖の教え」，緯とは「欧米百科の学」である。清韓両国の留学生を受け入れていた。彼は豪放磊落，骨太の人だったという。そこでは，英語担当の夏目漱石との出会いもある。

　東亜高等予備学校の創立に際し，校長松本亀次郎を補佐する教頭として，学監杉栄三郎と共に創立理念の形成に協力したことになる。吉澤に関する研究は，今後の課題と思われる。

## 〈国際情勢の変化と留学生〉

　東亜高等予備学校は「日華同人共立」の6文字に象徴されるごとく，日本人教習帰りの松本亀次郎と留学生曽横海の友情を中心としたきわめて教育者的な配慮のもとに成立した機関であった。辛亥革命後のあわただしい政情の下で日中友好を旗印とした良心的な人びとの集まりだったようである。そうでなければ常時1,000名に及ぶ留学生を集めることはできなかったであろう。

　ところで，1914（大正3）年といえば，7月に第一次世界大戦がヨーロッパで勃発した年であり，民国から為替を送ることさえ困難で学費の杜絶した留学生も出てくる始末であった。さらに翌年出された二十一カ条要求は対日感情に溝渠を生ずるに到った。血気にはやる留学生は，学校を休み，救国団を組織し，総帰国を決議したのである。

　当時の模様を松本はつぎのように述べている。「……学生間に流布された伝単をみるに，嘗て二十一箇条当時，無期延期に附した条項以上，更に領土・礦山・鉄道・港湾・島嶼・武器鋳造等を含有し，中華を以て朝鮮台湾の如くならしめると言ったやうな条項の列挙して有るのを見，政治には全く無関係な素人でも，我が政府が勧めて連合国に参加せしめて置きながら，左様な苛酷な条件

を強ひる道理の有る可き筈なく，全く，為にする者の宣伝であることを察知し，斯かる訛伝の為に，学生が誤まられるのは，甚だ気の毒で，且つ国交の為にも惜む可き事であるから，何とか学生の誤解を解く様，当局に進言したい者だと考へ……」[4]。

「訛伝」であったかどうかはその後の歴史が教えるところであるが，「政治には全く無関係な素人」を自認する松本がとらえた一つの文化摩擦観であろう。彼は，この打解策をまず寺尾亨に図り，松本・寺尾連名で官立学校を除き，早稲田・慶應・明治・日本・中央・法政さらに成城・同文書院等，多くの留学生を収容している学校長の同意を求め，代表者と打合わせた上で，文部・外務両省に陳情した。時の文相は岡田良平，外相は後藤新平である。陳情委員には松本・寺尾のほか柏原文太郎が名を連ねている。「近時坊間に流布せる日支共同軍事協約条文として列挙せる条項中，一，二の条項を除く外，他は悉皆事実に非ざる事を声明す……」という趣旨の声明書が発表され，各学校長の連名をもって留学生一般に告示したことにより，小康をえたといわれる。

留学生監督に江庸が任ぜられたのは 1918（大正 7）年 5 月である。江はかつて早稲田に学び，黎淵・蹇念益・張孝拮らと「維持留学同志会」を組織し，「留学生取締規則」に反対する帰国同盟を鎮静した経験の持主であった。翌 12 月まで在任したが，この間，後述の日華学会で創立の企画に参与し，両国の関係を調整するための努力をしていた。

望月軍四郎が成城学校に 50 万円にのぼる寄付を申し出たのは翌大正 8 年である。彼はかつてアメリカ視察の折，米国が中華留学生を大変優遇しているため中米両国の国際関係ひいては国民交際が常に円満であることを悟り，留学生教育改善の資として大金を捐棄した。成城学校（校長沢柳政太郎）への紹介役をしたのは東京府立青山師範学校長滝沢菊之丞である。東亜高等予備学校と並んで成城学校中華学生部が中国人留学生予備教育に重要な役割を演じた背景には，望月の如き篤志家が存在していたのである。彼は慶應に対しても後に 10 万円を寄付し中華研究の資として役立てられている。

　これより先，辛亥（第一）革命に際し，日本では実業界の有志が相図り「留学生同情会」を発足させていた。10数万円の寄付金を募り，日本の文部省および中国公使館を経て，帰国者に旅費を貸与したわけである。1918年5月に発足した日華学会は，同情会の残金をもとにしている。ちなみに，第一革命後政情の小康にともない，留学生が再び渡来するようになった。革命により閉鎖されていた東京同文書院や成城学校中華学生部が授業を再開し，松下大三郎（前宏文学院教授）の手で日華学院が創設された。長沢吉亨の高等日語学校も辛うじて存続していた。

　1914（大正3）年2月に設立された寺尾亨の政法学校は，第二革命に失敗して日本に亡命した孫文や黄興らの輩下にある政客を対象としており，経費は，初め国民党が負担し，後には駐日民国公使館の斡旋苦心により，不足額を日本の実業界の寄付に仰いだ。講義は帝大の諸博士が通訳を用いて行った。同校は大学組織に改編する計画で50万円の基本金を募集して財団法人にする予定であったが，事情により1920年閉鎖のやむなきに至る。

　中国本土における政情不安定に加えて日中関係の諸問題が山積していた当時，留学生のための教育機関が存続していくのは容易なことではなかった。官立学校に特設された予科の場合，中国からの納入金で教育をする協約になっていたが，欧米にはみられない制度ゆえ，その改善が要望されてきた。文部省の予算内に留学生教育費を計上するようになったのは1919年以降のことといわれる。

　帝国議会において留学生の優遇問題が論じられたのはこの頃である。衆議院では清水留三郎・高橋本一・一宮房次郎・山本条太郎・加藤定吉，貴族院では八条子爵・島津男爵らが建議案や質問等の形式で政府の注意を促している。東亜高等予備学校長松本亀次郎は成城学校中華留学生部主任服部操，横浜志成学校の越石乙次郎・丸山伝太郎らと共に両院に働きかけた。まず，貴族院に対しては江原素六の紹介により請願書を提出，次に衆議院に対しては一宮房次郎議員の建議案として訴えた。

　その趣旨は3項目に要約されうる。[5]

① 特約五校協定の継続方

② 優良留学生への学費補給

③ 留学生予備教育機関への補助

松本の了見によれば，「予備学校に於ては日本語の初歩より教授す可きに拠り，特別に多数のクラスを設け，教員を聘用せざるを得ず，且つ留学生教育の効果を完全ならしむるには，其の基礎を予備学校に置かねばならぬ」というわけであった。松本は請願書の趣旨を説明するため，近衛公爵をはじめ前田利定・小松謙次郎・船越光之丞・鎌田栄一・福原鐐二郎・荒川義太郎らを歴訪している。

1923（大正12）年3月30日，法律第36号として公布された「対支文化事業特別会計」は，当時の諸要求に対する回答であり，これにより，留学生教育の財政面は大幅に改善された。外務省内に設けられた対支文化事業部が，爾来，大きな発言力をもってくるわけである。留学生教育は国際競争の渦中におかれつつあったといえよう。

### 〈日華学会の発足と財政援助〉

辛亥革命の副産物として出現した留学生同情会を母体に，1918（大正7）年5月，日華学会が誕生したのであるが，ここで，同情会醵金譲受の模様に遡及しつつ，日華学会の経緯を一瞥しておかねばならない。

1911（明治44）年12月25日，「支那留学生同情会」が設立された。その目的は「這回支那擾乱ノ結果本邦在留ノ同国学生中学資杜絶シ廃学ノ已ムヘカラサル者尠ナカラズ，寔ニ同情ニ堪ヘサルモノアルニヨリ，茲ニ有志相謀リ，資金ヲ醵出シ学資ヲ貸与シ，留学生ヲシテ安ンシテ，修学ノ目的ノ達セシメントスルニアリ」と書かれている。

主唱者は，山本条太郎（三井物産）・白岩龍平（日清汽船）らで，中国関係の会社銀行等がこれに協力している。発起人は渋沢栄一・高橋是清・近藤廉平・大倉喜八郎・古市公威ら12名である。翌大正元（1912）年9月迄に学資の貸与をうけた者344人，官公私立あわせて47校を算している。ちなみに，出身省別

内訳は湖南省 42, 四川省 42, 江西省 36, 湖北省 33, 直隷省 32 人以下 21 省に及びほとんど中国全省に亘っていた。貸費額は 1 名につき 12 月分を金 10 円, その後は月額 20 円と定め差し当たり 6 カ月以内とした。学資貸付は 1912 (大正元) 年 9 月で中止することにしていたが, その後もやむをえざる事情により若干名に救済の手がさし伸べられた。1915 (大正 4) 年には東亜高等予備学校にも補給されている。資金は支那公使館を経て留学生に貸与した。1912 (民国元) 年 6 月には中華民国政府教育部総長蔡元培から謝意を表明する文書がよせられている。

　1918 (大正 7) 年 4 月, 支那留学生同情会では, 所期の目的を達し回収金も一段落との認識を深め, 醵金残額の処分方を協議した。総勘定によると, 基金総額は 4 万 6,000 円に達しているが, この期に至ると返戻金も 3 万 3,540 円に上り, 受払差引残額は, 3 万 7,000 余円に及んでいた。この残額処分に関し同情会では「略ホ同様ノ目的ヲ以テ, 新タニ日華学会組織ノ計画モ有之趣承リ及候ニ付, 御協儀ノ模様ニ由リテハ, 残額金全部ヲ之ニ引継クコトモ一方法」という方向を打ち出したのである。

　日華学会趣意書にはつぎのように書かれている。[6]「日華両国ハ, 古来修交尋盟相互ニ関聯セル歴史ヲ有シ, 特ニ封疆近接シ, 自然ノ形情, 唇歯輔車, 相依ラサルヲ得サルモノアリ」「方今中華民国ノ人, 学術技芸ヲ研修センカ為, 来東スル者多シ。是等負笈遠遊ノ人ハ, 概ネ言語ノ不熟, 住食ノ不便等諸般ノ事情ニ因リ, 其ノ目的ヲ達スルニ於テ, 障碍少カラサルカ如シ。然ルニ之ニ対シ紹介幹旋ヲ為スヘキ, 施設ノ備ハサルハ, 吾人ノ常ニ遺憾トスル所ナリ。茲ニ聊其ノ闕漏ヲ補ハンカ為, 日華学会ヲ設置シ, 本会規程ニ列記スル事項ノ遂行ヲ期セントス。惟フニ東亜ニ於ケル, 文化ノ発達ハ, 育英ノ道ニ依ラサルヲ得ス。本会ノ事業ニシテ, 日華両国共同ノ福利ヲ増進シ, 輔車相依ルノ一助トナルコトヲ得ハ, 洵ニ幸甚トスル所ナリ」。この趣旨にそって, つぎのような「常務」が掲げられた。

　①学生の入学退学の紹介に関する事。

　②学生の実地練習及見学等の紹介に関する事。

　③学生のために研究上必要なる図書を蒐集し，閲覧に供する事。

　④学生のために体育の便宜を図る事。

　⑤学生の在学せる各学校並に教育者間の聯絡を図るに努むる事。

　⑥学生宿舎の選定に関し便宜を図る事。

　⑦見学のために来東する者に対し便宜を図る事。

　日華学会は，会長に小松原英太郎，理事に内藤久寛・山本条太郎・白岩龍平・浜野虎吉，計5名を設立者として創立されたが，なかでも内藤の活躍は注目に値する。つぎのような記録が残されている。[7]「……内藤久寛氏は，大正六年秋季日置益氏と同行して，支那主要各地を視察し，日本よりの帰国留学生諸氏にも会見して，其の感想を聴くことに努められ，大部分の意向を確むる事を得た。帰来種々考慮の末，留学生取扱方に関し，従来のまま放置して顧みざる如きは，之を遇するの所以にあらず，将来何等施設する処なくんば日支国交上にも策の得たるものに非ずと認め，子爵渋沢栄一氏に謀りて其の賛同を得，また東洋協会長たる枢密顧問官故小松原英太郎氏に進言したるに，同氏は予て其の昵懇の間柄なる白岩龍平氏と共に，留学生に対する措置方の忽緒に附すべからざる事由を以て，改善の方法を講究すべく努力されつつあった際とて，直に共鳴せられ，加ふるに日支両国間に深き関心をもたるる故山本条太郎氏にも謀られた結果，茲に各自の意見一致したので，渋沢，小松原，内藤，白岩及び山本の五氏が数回の会合を重ね熟議の末，本会創立の具体工作を進められたのである。そこで小松原氏を会長とし，内藤，白岩，山本の三氏及び大正五年留学生監督処創設に際し，文部省より支那公使陸宗輿氏に推挙して，同処の理事となられ居たる元東京府事務官にして学務課長たりし，浜野虎吉の四氏を理事として，愈々本会の事務を開始するに至ったのである」と。なお，渋沢は全体を通じて顧問の地位にあり，一時会長もつとめた。

　日華学会の成立を促した要因は，1910年代国際社会における留学生教育の動向と深くかかわっていた。関係者の認識によれば，[8]「欧米諸国に留学せし者

に就て観察せんか，彼等は全体と謂わざるも大概親欧，親米家と為り，帰国後も永く思慕憧憬するの状態なるに反し，独り本邦留学生の或る一部を除き大部分の者は，不平不満を抱き好感を有する者少きは抑も如何なる動機に基因するものなるか，世の有識者の大に考慮を要する問題である。然るに此の状態が従来のままにして顧みざらんか，遂に彼等を駆りて，欧米に陶酔せしむるの結果を招来するに至らん」という危機感があった。第一次世界大戦による一時的経済好況に酔っていた日本に対し国際的な風当りが強くなってきた頃である。そして，1918（大正7）年といえば，日本が対支二十一カ条要求を発した3年後にあたり，片や中国では五・四運動のおきる前年である。

　日華学会は創立と同時に下記10名を顧問に推薦した。すなわち，清浦奎吾・岡部長職・渋沢栄一・山川健次郎・近藤廉平・益田孝・豊川良平・沢柳政太郎・田所美治そして中国人代表として江庸である。続いて，評議員36名を留学生関係者で教育の経験者から選んでいるが，そこには嘉納治五郎・谷山初七郎・柏原文太郎・寺尾亨らに混って松本亀次郎の名前もみえる。事務所は最初麹町区内山下町東洋協会内におかれた。

　1921（大正10）年6月，財団法人を組織することとなり，「日華学会寄付行為」が文部大臣並外務大臣より許可された。事務所は神田区中猿楽町15番地に置き，工費約1万2,000円をかけて応急修繕を加えた建物に同年11月移転した。学生集会所兼宿泊所も設けている。

　ここで，日華学会の資金について述べておかねばならない。同情会残金の譲渡をうけたとはいえ，会の基礎を確立し事業の発展を図るためには相当の資金が要求された。小松原会長は就任以来関係当局に対し国庫の補助を熱心に運動したが，1919（大正8）年宿願を達成することなく他界，後任会長徳川慶久の手で国庫補助願書が文部大臣に提出された。願書は小松原会長在世中に起稿したものという。当時の留学生教育の一般状況が示されているので以下抜萃引用しておく。提出日は1920年9月18日となっている。

「……従来留日学生ニシテ種々不穏ノ動作ヲナシ，甚シキハ排日ノ行動ヲナ
ス者少カラズ，是レ一面ヨリ観察スルトキハ本邦ニ於ケル該留学生ノ教育ハ
多数ノ危激不平者ヲ養成スル憾ミアルノ情況ヲ呈シ居ルモ，退イテ其ノ基因
ヲ熟察スルトキハ積年ノ馴致セル所，実ニ意想ノ外ニ出ヅルモノアリ，即チ
日華両国国際関係ノ罅隙ヨリ誤解ヲ招キ，或ハ風俗習慣ノ差違ヨリ情意ノ疎
通ヲ欠ケルニ由ルモノ少カラザルベシト雖，就中彼等学生ニ対スル宿所ノ不
備不全ヨリ生ズル悪感ハ其ノ不平ヲ誘起スル有力ノ一要素ニシテ，予備教育
機関ノ不完ハ其ノ心情ニ多大ノ影響ヲ与ヘ，集会，娯楽ニ属スル設備ノ闕如
ハ不知不識ノ間ニ彼等ヲシテ慊焉ノ念ヲ懐カシムルニ至ルモノナルコトハ疑
ヲ容レザル所ト確認致シ候」「前陳ノ欠漏ヲ補ヒ，日華両国善隣ノ誼ヲ厚ウシ，
共同ノ利益ヲ享受スル一助ニ供センガ為ニハ寄宿舎，予備教育機関及会館等
ノ新設ヲ必要ト認メ候ヘトモ何分多大ノ費用ヲ要シ一私設学会ノ独力ヲ以テ
ハ到底此ノ目的ヲ遂行シ能ハザル儀ニ付此ノ際国庫ノ支出ヲ仰ギ度，尚時宜
ニ依リテハ民間ノ拠出金募集ニモ尽力致スベク……」[9]

　この出願に対し，1921年5月，文部省より金15万円が補助せられ，留学生
寄宿舎設置に関する臨時費に充当することとなった。政府が民間事業に財政援
助をしたのはこれが嚆矢であるといわれている。当時の教育界はもとより政界，
財界の有力者が関与した半官半民的性格の強い団体であってみれば，国庫補助
は正当な道筋であろうが，これを契機に，日華学会が体制側に傾斜していった
ことは否めない。前述の「対支文化事業特別会計」による外務省からの資金援
助が開始されるのは1924（大正13）年度以降であるが，さらに，1926（大正15）
年度からは一般事業費も国庫から算定されるようになった。
　日華学会の財源は，国庫補助を軸に安定をみるが，寄付金募集の方も順調に
進んだのである。東京・大阪に所在の銀行や会社を対象に依頼状が送られた結
果，1919年から1937年までに約29万円にのぼる寄付が集まっている。ちな
みに，同期間における国庫補助金総額は約77万円である。

　日華学会の事業のなかで寄宿舎の建設は重要な位置を占めていた。市井の下宿業を賃借したり，建物を購入したり，あるいは寄付をうけて，続々と施設を増やしていった。第一中華学舎（男子用・湯島天神）・第二中華学舎（男子用・駒込追分）・白山女子寄宿舎（白山御殿町）・翠末寮（山吹町）・大和町女子寄宿舎・中野学寮（女子用・高根町）等がそれである。毎年夏季休暇には，中華留日青年会との共同で館山銷夏団が設けられ，海水浴や運動遊戯・音楽演芸・遠足等を含ませながら日語練習・修養講話・講演等を実施した。

　この他，見学・実習等の斡旋や各種団体への後援も行った。

　先覚者松本亀次郎の献身的努力に共鳴して教育機関創設にあたり民間有志が協力したところに，東亜高等予備学校の文化史的意義を見出すことができる。中国人留学生の受け入れという国家的事業が民間の善意によって大きく前進したのが大正年間であるといえよう。

　ところで，この時期最大の問題は関東大震災であった。1923（大正12）年9月1日，東京市街の3分の2を焼き尽くした火災により，東亜高等予備学校も日華学会も民国公使館もすべて烏有に帰したのである。中国人留学生の焼死者は40余人に達し，大多数は居るに衣食なく，学ぶに学校なきため一時帰国を決意せざるをえない有様であった。日華学会は，文化事業部その他の後援をえて，帰国者への旅費を支給しているし，その船費は郵船会社の義助に依るなどの便宜が図られた。中国からは前留学生監督江庸を代表とする慰問使を派遣している。大震災善後会も組織された。

　東亜高等予備学校の復興については，松本亀次郎がつぎのように記録している。[10]「……我が東亜高等予備学校の焼跡を訪へば，校地の外は唯鉄柵と石門が残って居るのみで，さしも宏壮を誇った3階建530余坪の校舎及住宅は全部白灰と成り，……」「踵を旋して富士見町四丁目に日進英語学校長の佐川春水氏宅を訪へば，我が東亜の事務員小使等の魁首して予の帰り来るのを待ち詫びて居り，孰れも着の身着の儘で……」「其処で事務員小使等の東京に留め置くべき者は留め置き其の他は一時帰郷させて，仮事務所を府下瀧の川町西ケ原に

置き，復興の第一着手として，事務所兼教場を中猿楽町の焼跡に建てる事に決した。其の焼瓦や灰燼は人手を借りず，牧野事務員，栗原小使等自身，畚に載せて校外に運び出し，校地の周囲には杭を打ち鉄条を張りて境界を正し，十月五日には早くも仮校舎が出来上ったから，予は此処に移住し，十日から授業を開始した。震災後僅に四十日で，小規模ながら自力で建てた校舎で，授業を開始し復興の産声を揚げたのは痛快であった。復興の第一日に集り来た学生は僅十人ばかりであったが，十日・十五日・一月・二月と立つ内に二，三十人から四，五十人乃至百名位に達し，翌十三年六月迄，此の小教室兼事務室で事務も執り，寝食もし，授業も継続した……」。松本は震災の4，5日前外務省に赴き，東亜高等予備学校の臨時費並びに経常費補助に関する申請書等を提出後郷里静岡県に帰省していたところで震災の報に接し，県派遣の救護団の船に便乗して海路東上，芝浦に着いたのである。前記の記録は中国人留学生の教育にかける当事者の意気込みを如実に示している。翌1924年度には，学校復興資金3万円が下りたので，5月起工，7月20日落成で木造スレートぶき総延坪330余坪の校舎ができた。外務省文化事業部の配慮によるものである。日華学会にも別途支援がなされた。

　次に，日華学会と東亜高等予備学校の合併問題に移ろう。[11] 日華学会は創立当初から留学生予備教育機関設置の必要を認めていた。しかし，資金の調達が進まないこともあってそのままになっていた。1922年頃東亜高等予備学校を日華学会に合併してはどうかという話が出てきた。そこへ前記の大震災である。この件は中断のやむなきに至った。1924年両者合併の話が再燃し双方当事者の意見も合併案に傾いたのである。共に政府の補助をうけており，日華学会の所望している留学生予備教育機関の典型がすでに実在していたわけであるから，東亜高等予備学校の資産負債・事業の全部を日華学会に譲渡することは教育上経済上もっとも得策と考えるのが当然である。東亜高等予備学校では寄付行為の定款に従い評議員会の同意をえて財団法人を解散，その校名や教職員も大略引き継ぐことで意見の一致をみた。引継契約書が交換されたのは1925年4月

22 日であり，経営者変更の申請が東京府より許可されたのは同年 5 月 25 日である。合併（譲受）当時における東亜高等予備学校の資産は概略下記のとおりである。

　　　資産　○校地　278 坪 7 合 3 勺
　　　　　　　内訳　所有地　189 坪 5 合 1 勺　　神田区中猿楽町六番地
　　　　　　　　　　見積価格金　4 万 7,377 円 50 銭（坪当　250 円）
　　　　　　　　　　借　地　89 坪 2 合 2 勺　　神田区中猿楽町五番地
　　　　　　　　　　借地権見積敷金　6,691 円 50 銭（坪当　75 円）
　　　　　　○校舎　金 3 万 3,057 円 40 銭
　　　　　　　内訳　建物総坪数　298 坪 4 合 5 勺
　　　　　　○地下工事金　7,325 円（146 坪 5 合×50 円）
　　　　　　○器械器具　539 点（4,928 円 50 銭）
　　　　　　○図書　41 点（247 円 74 銭）
　　　　　　○電話　1 箇（2,000 円）
　　　合計　　金 9 万 4,902 円 64 銭也

　一方，債務は，12 万 3,850 円で，内訳は，借入金 9 万円，同利息 1 万 7,250 円，学校創立以来借入金の未償還高 1 万 6,600 円となっているが，その償還方については，5 万円の国庫補助を交付されたので，日華学会資金 3,000 円を加えて債権者に 5 万 3,000 円を支払い，残額は元金を年賦，利息を月賦で償還することとなった。

　1925 年 4 月 1 日の授業再開にあたり，東亜高等予備学校の職員および生徒は日華学会にそのまま引き継がれることになった。当面，学級編成・学科目・教授要旨・学課程度・学科の受持方法・教科書等々はすべて従来どおりである。ちなみに，学級は日本語専科・予科・書取作文専科・文法専修科の 4 つである。生徒数は各科あわせて 126 人であった。

　同年 5 月 25 日付で校名は財団法人東亜高等予備学校のうち冠首 4 字を削除してそのまま継続することとなったが，教員組織は校長・学監・教頭・幹事の

下に教員が動くこととなり，日華学会会長細川護立が設立者兼校長として君臨し，学監には文部省の推薦で松村伝（元台北高等学校長）が就任，東亜高等予備学校創設者・育ての親である松本亀次郎は教頭として位置づけられた。幹事には山口定太郎が日華学会と兼任で就いている。

　ここで特記すべきは評議員会の設置である。文部・外務両省の高等官，東京高等師範学校・第一高等学校・東京高等工業学校等の各学校の教官，および日華学会理事で組織されたこの評議員会は学校運営の重要事項を決定する権限を有し，爾来，日華学会直営の留学生予備教育機関としての性格づけをなす拠り所となった。ちなみに当初のメンバーはつぎの11名である。外務省より木村惇，文部省より赤間信義・山内雄太郎・菊池豊三郎・矢野寛城，東京高等師範学校の馬上幸太郎，第一高等学校の斎藤阿具，東京高等工業学校の奥田寛太郎，日華学会から服部宇之吉・江口定条・山井格太郎が就任している。「東亜高等予備学校ノ教務ノ改善及経営上ノ刷新ヲ図ル為」「財団法人日華学会長ノ諮問ニ応ジ調査審議」し，「会長ニ建議スル」という役割を課せられたこの評議会により，新しい方向づけがなされることとなったわけである。第1回評議員会は1926年3月に行われ，学則が決定された。

　東亜高等予備学校学則（全43条）にしたがって，以下，教育の内容を吟味しておくこととする。修業年限は本科1年予科6カ月の計1年6カ月とし，毎年4月から9月または10月から3月に二分されたいずれかの学期からも入学が許可された。学科目は予科が修身・日本語，本科が修身・日本語・英語・歴史・地理・数学・博物・物理・化学・図画で，学科課程には次のような説明がなされている。すなわち修身は「道徳ノ要領ヲ授ケ実践躬行ヲ勧奨スル」，日本語は「発音，読方，解釈，書取，話方，文法，作文ヲ授ケ普通ノ口語及文語ニ習熟セシムル」，英語以下については「中学校ノ課程ニ準シテ之ヲ授ケ中学校卒業者ト同等以上ノ学力ヲ付与スル」ものとあり，毎週教授時数を表6-1のように組んでいた。

　予科または本科同期の生徒をもって学級（50人以下）を編成し授業を行うが，

日本語，英語以外については学級の異なる生徒を合わせて一斉教授をすることもあるとされた。

　入学資格は，予科の場合，中華民国の中学校もしくは之と同等以上の学校の卒業者または同等以上の学力を有する者とされ，英語と数学の学力がとくに検定の対象になった。本科の場合，予科修了者または「予科ニ入学スルコトヲ得ル者ニシテ日本語ニ関シ之ト同等以上ノ学力ヲ有スル者」とされた。

表6-1　東亜高等予備学校学科課程

| | 予　科 | 本　科 | |
|---|---|---|---|
| | | 第一期 | 第二期 |
| 修　身 | | 1 | 1 |
| 日本語 | ⎰ 前半期　24<br>⎱ 後半期　30 | 14 | 8 |
| 英　語 | | 8 | 8 |
| 歴　史 ⎱<br>地　理 ⎰ | | 2 | 3 |
| 数　学 | | 7 | 7 |
| 博　物 | | 2 | 3 |
| 物　理 ⎱<br>化　学 ⎰ | | 2 | 4 |
| 図　画 | | | 2 |
| 計（時） | ⎰ 前半期　24<br>⎱ 後半期　30 | 36 | 36 |

出所：『日華学会二十年史』111頁より作成。

　予科・本科あわせて生徒数は500人以下と規定したが，この定員外に修業年限1年の専修科が置かれ，本科所定の学科目についてその1科目を専修する場合，それを修むるに必要な程度で日本語・英語・数学の試験を経て入学が許可された。

　入学料は1円であり，授業料は予科25円，本科毎期33円とされ，専修科は1学科目の場合毎期20円，2学科目が28円，3学科目以上が33円であった。なお，専修科の授業料については，日本語・英語・数学は各1科目としその他は1科目ないし全科目を1科目とみなすことにした。

　東亜高等予備学校の経営が日華学会に移行したことにともない教員組織の方にも変化が生じた。その一つが前述の学監である。前台北高校長松村伝の初代学監就任は1925年12月で，彼の努力により教授内容は数歩改善されたと評されるが，翌年9月には水戸高校長に任官し，後任として前山形高校長の三輪田輪三が選任されている。三輪田の就任により，さらに改良が施され面目を一新した。とくに教科書の改訂・教授法の研究，上級学校との連絡に関しては相当

の努力が払われたのである。学監に高等学校の校長クラスをもってきたことは
東亜高等予備学校の社会的重要度を一応示すものといえよう。

## 〈中国学制の変化と特設予科制度の改編〉

　1920年代から30年代，すなわち，大正中葉から昭和の初めにかけては留学
生教育制度の変革期であったといえる。

　ちなみに，中国では，この時期，教育制度の全面的改正を行い6・3制を採
用している。1922年の壬戌学制，1928年の戊辰学制の制定がそれであって，
小・中・大の3段階を基本とする学校系統に改められた。そして，留学資格は
小学校（初級4年・高級2年），中学校（初級3年・高級3年）を終えた段階以上
と規定されるのである。それまで日本の制度をモデルに教育の近代化を推進し
てきた中国が，6・3制の採用に表現されるごとく，この時期から模倣の対象
をアメリカに移し，プラグマティズム思想を軸に近代教育の再編成を図ろうと
していたわけである。中国の教育水準は，1930年当時で，学齢児童の就学率
全国平均22.07％という数字が示すように，国民一般に広く普及したものとは
言い難かった。しかし，いち早く，6・3制のような単線型教育制度を採用し，
男女共学をすすめたりしている点は，日本との比較において今日注目に値する
ことである。

　中国における一連の教育近代化の動きは，日本にとって中国人留学生受け入
れ体制の改善をうながす契機として重要な意味をもっている。日中両国の文化
交流を維持し推進するため新たな方策が考えられたのである。日華学会の設立
や「対支文化事業」の開始は，日本側の積極的対応の表現であろう。もとより
この時期は二十一カ条要求に端を発する抗日運動が表面化しつつあったわけで，
留日学生数は漸次減少の傾向を示していた。「支那留学生の教育に関し政府は
相当の施設を為す必要あること一般に唱導するところなり依て支那共和国留学
生教育費を予算に計上し，且支那共和国留学生教育に関し改善的施設ありた
し」という主張は，1922（大正11）年3月第45回帝国議会で採択された松本亀

次郎らの「支那共和国留学生教育に関する請願」のなかの一節である。

　文部省専門学務局が「直轄学校に於ケル支那人予備教育施設計画案」を示したのは 1925 年 2 月である。これには外務省文化事業部が強力な勧告をしたといわれる。予備教育施設すなわち特設予科の増設案に基づいて，明治以来存続している第一高等学校と東京高等工業学校の特設予科に加えて，東京と広島の両高等師範学校，長崎高等商業学校，明治専門学校，少しおくれて奈良女子高等師範学校の計 5 校に特設予科が復活ないし新設され合計 7 校となった。ここに，中国人留学生の教育は新たな段階を迎えるのである。

　特設予科相互の連絡・調整に関しては，年 1 回東京で特設予科会議を開催し協議した。文部省と外務省の共催である。会議の主要議題等を検討してみると，各校の予備教育状況が毎回報告され，予科修了者の取扱方，経理問題，教育方法，内容等々，多岐に亘る案件が審議され，次第に特設予科全体としての統一性が生じてきつつあったことがわかる。東亜高等予備学校代表も第 2 回（1927 年）から出席している。図 6-1 の「留日中国人学生教育系統図」はこの時期の進学ルートを示す資料である。中国の教育制度と日本のそれとを直結できないところに「特設予科」の存在理由があったわけだが，とくに，日本語の修得という問題をどのように解決したらよいか，大いに検討を要するところであった。東亜高等予備学校のごとき一般予備教育機関の必要性もこの点に起因していたことはいうまでもない。

　特設予科の増設が実現してまもない頃，中国の新しい教育制度との対応を図るため，日本の特設予科制度を全体的に改善することが要望せられた。この問題については別稿において論じたことがあるが，東亜高等予備学校を中心にここで再度検討を加えたい。同校学監三輪田輪三の「学制改正案経過」を引用することから始めよう。[12]

　「従来民国ニ於テハ海外ヘ留学スル学生ノ資格ヲ中学校卒業（三年又ハ四年修了）トセシモ三年以前ヨリ高級中学卒業（初級中学三年高級中学三年）ヲ以テ其ノ資格トナセリ然ルニ我国ニ於テハ民国ノ政変常ナラザルノ故ヲ以テ其ノ

新資格ヲ認メズ僅カニ本校ニ於テ高級中学卒業者ノ為ニ日本語専修科ヲ設置
シタルノミナリシガ再来渡日スル留学生ハ高級中学卒業以上ノモノ七割ヲ占
メ殊ニ留学生ノ多数欧米ニ遊学スルノ傾向ヲ生ズルニ到リタルヲ以テ昨年五
月『留学生ノ激減ノ虞アル理由』並ニ民国留学生教育私案ヲ印刷シテ外務,
文部両省ニ提出シタリ然ルニ山井理事ハ蹶然起ツテ之ガ処置ヲ講スベキ機ナ

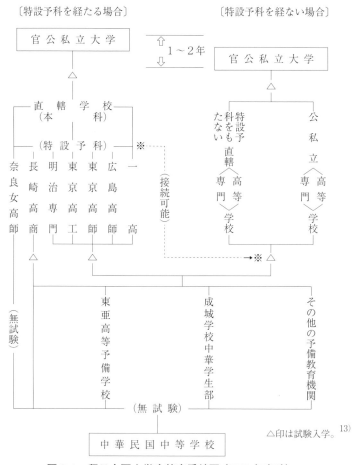

図 6-1　留日中国人学生教育系統図（1928 年当時）

リトシ学会ガ昨年九月評議員会ヲ開催シ会長，服部博士，外務省文化事業部長，文部省専門学務局長，其ノ他之ニ関スル事務官評議員全部出席シ特設高等学校設立ノ趣旨ヲ論ジタルニ全会其ノ必要ヲ認メ之ガ対策ヲ考慮スルコトヲ約シタリ，然ルニ十月ニ到ツテ之ガ対策ヲ見出ス能ハザルニヨリ山井理事ノ諒解ヲ得テ文部省督学官，斎藤一高教授，奥田工大教授及東亜学校学監ヲ委員トシテ民国ノ教育実況ヲ視察セシメ其ノ報告ヲ俟ツテ対策ヲ講究スベキコトヲ建議シ本年（昭和六年）一月二日龍山督学官奥田教授及三輪田学監ハ（椎木講師ヲ同行）奉天，北平，天津，済南，青島，南京，上海等ヲ視察二月八日帰朝シ越ヘテ十二日文部，外務両省関係者一同ノ臨席シタル報告会席上ニ於テ報告シ即日対策ノ委員ヲ委嘱セラレ三月十五日別記特設大学予科案ヲ作成報告シタリ……」

　これまでの特設予科制度を全国的視野に立って改編し，大学進学へのルートとして特設大学予科ないし特設高等学校を新設・整備してゆきたい，というのが留学生教育担当者の意向であった。然るに，その方法論は決して単一のものではなかった模様である。「特設大学予科案」にしても，その具体案は 3 通り用意されていた。すなわち，第 1 案は本科 2 年制，第 2 案は本科 2 年制および予科 1 年，第 3 案は本科 3 年制である。

　三輪田学監は，先述の「経過」のなかでさらに解説を加えている。「……第二案以下ヲ施行セラルルトキハ本校ノ不便甚シク従テ本校ノ制度モ亦改革ヲ断行スルコトヲ余儀ナクセラルルヲ以テ『私見』ヲ印刷シテ右報告書ト共ニ当局ニ提出シタリ然ルニ本月ニ至リ外務文部両省共ニ本案第二案ヲ採用（多少修正ヲ加ヘ）スルノ確報ヲ得タルニ依リ本校モ亦明年度ニ於テ別案ニヨル改革ヲ企図スルニ至リタリ」。以下，三輪田の別案なるものを掲げてみよう。

1. 東亜高等予備学校ヲ改メテ東亜高等学校トス
1. 東亜高等学校ニハ本科（三箇年）及専修ノ二科ヲ設ケ，本科ニハ文科，理科，専修科ニハ日本語，英語，数学ノ各学科ヲ置ク

又選科ヲ設ケ物理化学博物地理歴史ノ各学科ヲ適宜学修セシム

1. 本科三箇年ニアリテハ第一高等学校又ハ工業大学ニ設置セラルル二箇年ノ大学予科及一箇年ノ予備科ト同一ノ学科目ヲ授ク

1. 本校卒業生ハ官公私立大学ノ本科ニ入学スルノ資格ヲ具ヘシム

1. 本校本科第一学年以上ヲ修了シタル者ハ其ノ履修シタル学科ニ応ジテ各専門学校本科又ハ第一高等学校特設予科，東京工業大学予科一年ニ入学スルノ資格ヲ具ヘシム

備　考

　高等学校設置ノ為メ積立金三十万円ヲ要スレドモ本校ハ外務省補助学校ナレバ必ズシモ其ノ要ナカルベシ

　経常費ハ第一年度ハ増額ヲ要セズ第二年度ニ於テ経常費約一万円，設備費四万五千円，第三年度ニ於テ経常費約一万五千円ノ増額ヲ要スル見込ナリ

校舎ハ東亜高等予備学校校舎ヲ使用ス

　留学生の「初歩予備校」として当時名声を博していた東亜高等予備学校にとっては，特設予科の再編問題を坐視してはおられなかった。全国的視野から事態の解決に努力していた三輪田学監の場合，制度の改革と自校の存続とは密接なる関連のもとに考察せられたのである。以下，三輪田の「私見」のなかから主要な部分を抽出しておきたい。[14]

　従来民国ノ各学校ハ毎年春秋二季生徒ヲ募集シ一月又ハ七月ニ卒業者ヲ出スコトトセルガ，近年ニ至リ学制ヲ改メテ学年ヲ九月ニ始メ翌年七月ニ終ルコトトシ全国之カ統一ニ努メツツアルノ状勢ナレバ，民国学生ノ本邦ニ渡来スル者ハ今後秋季ニ集中シ春季ニハ殆ト其ノ跡ヲ絶ツニ至ランコトハ当然ノ帰結ト謂ハザル可カラズ……

日本では大正中期の改革で高等教育段階まで4月学年制に統一したわけであ

るが，逆に中国では欧米の制度にあわせて，この時期9月学年制を全面的に実施することとなった。その結果として，中国から日本に留学する学生は毎年9月以降，実際には10月，11月前後に渡来すると考えられるが，一方日本側では文部省直轄学校の入学試験期を翌年1月から3月としており，日本語教育を施すとしても正味はわずかに3〜4カ月を残すのみである。彼はいう。

　　若シ……第二案（本科二年，予備科一年）ヲ実施セラルルトキハ特設大学予科トシテハ或ハ相当ノ成果ヲ収メ得ベシト雖モ本校ノ如キ専ラ民国留学生ノ初歩予備教育ニ従事スル者ハ其ノ本体ヲ失ヒ毎年四月ヨリ八月ニ至ル迄ハ在校生徒数甚ダ僅少ナル為学校経営上至大ノ困難ニ遭遇シテ遂ニハ廃校ノ非運ニ至ルヤモ計リ難シ

日本語修得を主内容とする「初歩予備教育」の重要性を意識している三輪田にとって，そのための教育期間が減少することは留学生に「多大ノ困難」を強いることになると思われた。彼は私学経営の立場からつぎのようにも述べている。

　　現下ノ不況時代ニ際シ各私立学校ハ経営上頗ル困難ヲ極ムルノ状態ニアルガ如シ従来私立学校ニ於テハ留学生ノ成績如何ニ係ハラズ其ノ入学ヲ許容スル弊有リシガ近来ハ種々ノ便法ヲ設ケテ之ガ吸収策ヲ講ズルモノ少ナカラザルヲ以テ第二案実施後ハ一層種々ナル施設ヲ試シ之ガ吸収ニ汲々努力スルニ至ルモ少ナカラザルベシ

私学一般の欠陥を指摘した上で，東亜高等予備学校の将来について，彼はつぎのように述べた。

　　留学生ノ多数ハ自己ノ素養如何ヲ顧ミズ一日モ早ク上級学校ニ入学セントスル傾向有ルヲ以テ本校ノ予科ヲ卒業スルヤ文部省直轄学校若ハ私立学校ノ

予備科ニ入学シ得ルガ故ニ相率イテ其方ニ向ヒ本校ノ本科又ハ専修科ニ志望
スル者絶無ト言ハザルモ極メテ少数ナルニ至ルベク　従ツテ本校ハ単ニ半ケ
年間日本語ヲ課スルノ講習所ト化シ去リ毎年四月ヨリ九月ニ至ル上半期ハ経
営困難ノ窮状ニ陥ルコトハ明瞭ノコトナリトス

　留学生に対する初歩教育機関の経営維持を困難ならしめるという点が第2案
に反対する理由であったわけだが，第3案（本科3年）に対して三輪田はつぎ
のような見解を述べている。

　　第三案ヲ実施セラルル暁ニハ現在ノ本邦高等学校トハ唯日本語ヲ主トシタ
ル点ニ於テ異ナルノミニテ殆ド大差ナク　又東京工業大学ニ於テハ現ニ民国
高級中学校未卒業者ニ三年ノ課程ニ依リ教授ヲ施シ成果ヲ収メツツ有ルニ対
シ　第三案ノ如キ制度ハ寧ロ退歩ノ施設トナリ本邦ニ於ケル修学年限ヲ長ク
スル虞アルノミナラズ全然民国ノ高級中学校ノ課程及其ノ教育ノ功果ヲ認メ
ザルモノニシテ将来留学生ノ激減スルニ至ルハ疑ヲ容ルルノ余地ナカルベシ

　中国内地における教育の効果を認めず，いたずらに修学年限を延長すること
は，留学生教育の制度改革上望ましくない点であるというのが第3案に関する
三輪田の反対理由であった。
　以上を要約して，三輪田の見解は第1案，つまり，特設大学予科は本科2年
制を最上策とするものであった。先述の別案（筆者は東亜高等学校案と仮称する）
は，この私見が採用されなかった結果に基づき，改めて対策を講じたことになる。
　特設大学予科案（1931年3月提出）は龍山義亮・奥田寛太郎・斎藤阿具・三
輪田輪三の4名連署であるが，この時期，すでに東京工業大学附属予備部が発
足しており，翌年6月1日には第一高等学校特設予科が特設高等科に改編され
ていることを念頭におけば，委員の間で意見がわかれていくのは容易に想像し
うる。原案作成過程における諸勢力の関係も考慮に入れておかねばなるまい。

三輪田の独断も加わっていることだろう。[15]

　三輪田は，その直後に，「留学生教育私案」と総称する詳細な意見書を別途提出している。その内容は，特設教育改革案・特設学校増設案・出身学校取扱規程案・(留学生教育費に関する)基礎案等から構成されており，その文面から，1932(昭和7)年6月以降作成したものと推察できる。紙数の関係でその全容を解説するゆとりはないが，約15頁におよぶ「私案」に盛りこまれた内容は，中国人留学生教育に対する理想と現実の間(はざま)に立っていた三輪田の苦悩を浮彫りにしている。とくに，満洲国の独立にともなう人材養成に積極的かかわりをもとうと努力している点が注目される。

## 〈満洲国の発足と留学生教育の対応〉

　東亜高等予備学校の歴史は，日中関係に影響されて複雑な動きを展開する。本章では，校名を東亜学校と改称後第二次世界大戦時に至る時期を対象とする。まず，日華学会経営下の東亜高等予備学校を概観しつつ，問題点を抽出してみよう。

　生徒数に関する統計資料によれば[16]，満洲国発足前に在学生770人をピークとした学期があり，同国発足後に1,980人をピークとする学期があったと記録されている(表6-2参

表6-2　東亜高等予備学校年度別生徒数

| | 年　度 | 春学期 | 秋学期 |
|---|---|---|---|
| 満洲国発足以前 | 1925 (大正14) | 133 | 238 |
| | 1926 (大正15) | 155 | 239 |
| | 1927 (昭和2) | 150 | 323 |
| | 1928 (昭和3) | 355 | 481 |
| | 1929 (昭和4) | 350 | 770 |
| | 1930 (昭和5) | 333 | 377 |
| | 1931 (昭和6) | 148 | 104 |
| 小　計 | | | 4.156 |

| | 年　度 | 第1学期 | 第2学期 | 第3学期 |
|---|---|---|---|---|
| 満洲国発足以後 | 1932 (昭和7) | 15 | 125 | 166 |
| | 1933 (昭和8) | 111 | 381 | 373 |
| | 1934 (昭和9) | 363 | 1,059 | 970 |
| | 1935 (昭和10) | 828 | 1,980 | 1,596 |
| | 1936 (昭和11) | 930 | 1,683 | 1,144 |
| | 1937 (昭和12) | 631 | 65 | 61 |
| | 1938 (昭和13) | 129 | 176 | ─ |
| 小　計 | | | | 12,786 |
| 生徒数累計〔人〕 | | | | 16,942 |

出所：『日華学会二十年史』1939年，附録による。

表 6-3　東亜高等予備学校卒業者数

| 回（卒業年月） | 本科 | 予科 | 専修科 | その他 | 合計 |
|---|---|---|---|---|---|
| 昭和 | | | | | |
| 一（2年3月） | 7 | 67 | 1 | | 75 |
| 二（2・9　） | 12 | 58 | 0 | | 70 |
| 三（3・3　） | 14 | 166 | 0 | | 180 |
| 四（3・9　） | 33 | 138 | 1 | | 172 |
| 五（4・3　） | 42 | 217 | 1 | | 260 |
| 六（4・9　） | 29 | 133 | 17 | | 179 |
| 七（5・3　） | 24 | 319 | 25 | | 368 |
| 八（5・9　） | 8 | 96 | 19(1) | | 123 |
| 九（6・3　） | 11 | 163 | 23(2) | 18(3) | 215 |
| 十（6・9　） | 0 | 37 | 19 | 20(4) | 76 |
| 合計（人） | 180 | 1,394 | 106 | 38 | 1,718 |

注1：(1)は日語班17，英語班2，(2)は日語班20，英語班3から成る。
　2：(3)は女子高等師範受験班，(4)は欠試者である。
出所：『日華学報』第28号，第29号記載の卒業生名簿より作成。

照）。2つの学期は1929年秋と1935年第2学期であるが，その谷間，すなわち，在籍者15人にまで減少した1932年第1学期が何を意味しているか容易に想像がつくであろう。満洲国の発足は中国人留学生にとって重大な政治的事件であったのである。ちなみに，1931年9月の第10回卒業生76人のうち20人は欠試者とあり，本科に卒業者なく，その総数も前学期の37％に激減していた（表6-3参照）。先述の三輪田案はかかる状況下に作成されたものであることを考慮に入れる必要がある。満洲国発足以後生徒数が次第に回復してきたことは表6-2に明らかであるが，東亜高等予備学校にとって1931年当時は苦難の時期であった。同年4月現在の留学生上級学校進学状況をみるに，総数543人中東亜高等予備学校卒業者が315人で全体の58％弱を占めている。その内訳をみると，帝国大学は大学院および聴講生を含めて21人中12人となり，特設予科では東京工業大学が25人中18人，東京高等師範学校が22人中16人，広島高等師範学校は13人中12人，奈良女子高等師範学校が7人中6人，長崎高等商業学校は11人中7人，第一高等学校が29人中17人，明治専門学校が12人中10人となっていた。一般予備教育機関として東亜高等予備学校に要請されている社会的責任は甚大なものがあったといえよう。上級学校40余校に配分されたわけだが，3校を除く大部分に必ず東亜高等予備学校出身学生が入学した事実を

ここで確認しておきたい。

　なお，東亜高等予備学校在籍者の学歴別構成を調べてみると，1925 年以降 1938 年までの 14 年間を通して高級中学出身者がもっとも多いことがわかり，それ以上の高学歴保持者で大半を占められていることと相まって，中国の学校制度が整備されてきた様相をみることができる（表6-4 参照）。男女別構成では男子が全体の87％強を占めているが，毎年 1 割以上の女子学生が来日していた事実は注目に値することである（表6-5 参照）。

　次に，教職員について考察する 17)。満洲国発足以前の職員表をみると，1929（昭和 4) 年 9 月 1 日現在で 21 名である。その内訳は，校長細川護立（日華学会会長・侯爵）の下に，学監三輪田輪三，教頭松本亀次郎（国語），幹事山口定太郎を置いて，国語科教員に山根藤七・三戸勝亮・松浦珪三・椎木真一・清水真澄・

**表 6-4　東亜高等予備学校在籍者の学歴別構成**

| 学　歴　別 | 卒　業 | 未　卒 | 計 |
|---|---|---|---|
| 大　　　　学 | 3,871 | 1,162 | 5,033 |
| 専　門　学　校 | 1,776 | 127 | 1,903 |
| 師　範　学　校 | 1,022 | 83 | 1,105 |
| 高　級　中　学 | 4,865 | 856 | 5,721 |
| 旧　制　中　学 | 1,307 | 2 | 1,309 |
| 初　級　中　学 | 1,460 | 100 | 1,560 |
| 小　　　　学 | — | — | 62 |
| そ　の　他 | — | — | 249 |
| 合　計（人） | — | — | 16,942 |

注：1925〜1938 年の在籍者。
出所：『日華学会二十年史』1939 年，附録による。

**表 6-5　東亜高等予備学校在籍者の男女別構成**

| 年　度 | 男 | 女 | 計 |
|---|---|---|---|
| 1925（大正 14） | 351 | 20 | 371 |
| 26（大正 15） | 371 | 23 | 394 |
| 27（昭和 2） | 447 | 26 | 473 |
| 28（昭和 3） | 762 | 74 | 836 |
| 29（昭和 4） | 1,008 | 112 | 1,120 |
| 30（昭和 5） | 650 | 60 | 710 |
| 31（昭和 6） | 232 | 20 | 252 |
| 32（昭和 7） | 275 | 31 | 306 |
| 33（昭和 8） | 722 | 143 | 865 |
| 34（昭和 9） | 2,043 | 349 | 2,392 |
| 35（昭和 10） | 3,892 | 512 | 4,404 |
| 36（昭和 11） | 3,259 | 498 | 3,757 |
| 37（昭和 12） | 632 | 125 | 757 |
| 38（昭和 13） | 225 | 80 | 305 |
| 合計（人）（百分率） | 14,869（87.76％） | 2,073（12.24％） | 16,942（100％） |

出所：『日華学会二十年史』1939 年，附録による。

小谷野義方・岡本憲三・泉喜一郎・八島正雄・佐竹一三，数学および理化の担当として伊東茂松・吉澤嘉寿之丞，英語科に高仲善二，兵科に両角徹を配し，書記には牧野間喜治郎（会計），数納義一郎（教務），伊藤修平（庶務）が就いていた。翌1930（昭和5）年7月末現在の記録では三戸・清水・岡本・泉らの名前が消え，中村太郎・有賀憲三が新たに就任している。ちなみに俸給は学監300円，教頭220円で，一般教員は190円以下となっていた。

東亜高等予備学校では教職員全員で教材の選択や教授法等の調査研究につとめた。当初は週1回だったが，1931（昭和6）年以降はさらに部会を組織し週2回以上の研究を重ねている。教科書編集には特別力を尽くし，現地の教科書を参酌しつつ，日本語読本・文語文法課本・日語会話・日本国語文法「スターリーダー」・日本歴史・地理書を編纂し逐次改訂を加えた。

この間，1928（昭和3）年秋に椎木・泉，'29年春に三戸・高仲，'30年春に松本・吉澤・小谷野といった具合に教職員の現地視察に意を注いでいる。先述の三輪田・龍山・奥田らの視察もその一環に相当する。

また，日華学会が中華留日青年会と協同して房州館山に開催する留学生銷夏団には毎年教員を交代で派遣している。満洲国より東京高等師範学校に送られた小学校長を対象に夏季日本語特別講習を開いたこともある。

なお，陸軍士官学校の入学準備に必要な学科を教授するため，軍関係の教科を新設，普通学科のほかに軍教・法制の2科目を加えたのは1929年10月である。


### 〈校名改称と高等科の新設〉

1935（昭和10）年4月19日，東亜高等予備学校は外務省あて「校名改称及学則改正ノ件」を申請した。改定を要する理由としては，第1に，満洲国成立による新たな東亜友邦の概念をつくるべき時期がきたこと，第2に，本校の使命である日本語教育の改善であった。

新校名としては，「東亜学校」「東亜高等語学校」「東亜語学校」等が提案さ

れたが，結局「東亜学校」に落ち着いた。同年6月1日である。改定案第1条
によれば，「本校ハ東亜友邦ノ留学生ニ対シ，主トシテ日本語ヲ教授シ又諸種
ノ学術ヲ修得セントスル者ノ為ニ其ノ予備教育ヲ施スヲ以テ目的トス」とあり，
完備した日本語学校へ向けての抱負がうかがわれる。

　校名改称は，第3代学監杉栄三郎，第2代教頭山根藤七らの下で行われたが，
表6-2で明らかなように，生徒数激増の時期でありその対応策が吟味されてい
た頃と察せられる。ここで，人事面・制度面の経緯をふりかえってみよう。ま
ず，1931（昭和6）年10月教頭松本亀次郎が辞任して名誉教頭となり，第2代
学監三輪田輪三も1933年3月末で辞任し相談役に推薦されている。三輪田は
在任中自ら「東亜学校学監」と署名していた程であり，後述の高等科について
は「東亜高等学校」への改組をいち早く提唱していた。制度面では，日語専修
科を1929（昭和4）年4月に置き，翌年には英語と数学を加えている。これは
留学生の学歴および上級学校への進学関係を考慮しての結果だといわれる。
1932（昭和7）年4月以降は専修初等班・中等班・高等班に分けた。1934〜35
年度に至ると入学者激増のため臨機の措置をとる。すなわち，1934年4月か
らは本科のほかに専修科23班，臨時班3班，夜間班まで設け，翌年4月から
は本科の募集を中止し，日本語高級班，専修科昼間34班，同夜間7班，英数
高級班および普通班，物理化学班，地理博物班，夜間講習班，専修科臨時2班
を置いている。上級学校への入学準備と補習を兼ね，専修科第2期以上の生徒
のために日語授業の時間外で英数，理科，地理，博物班を設けた点も注目され
よう。

　「東亜学校高級班設置案ト其ノ理由」[18]なる文書がまとめられたのは1935（昭
和10）年7月であった。高級班とは「会話ニ講読ニ演説ニ作文ニアラユル方面
ニ於テ完全ニ日本語ヲ習得シ其ノ実用ニ差支ナカラシムル」ことを目的とした
制度で，東亜学校専修科第3期卒業程度を入学資格とし，学習年限は2カ年，
授業は毎週23時間を目安とした。設置の理由を要約するとつぎのようになる。
　1.　目下，臨時高級班在籍の学生は，ほとんどが他の大学・専門の学校に在

るか，もしくは，研究・見学の本務を有して日本語学習に熱心な者のなかで本校の課業時に通学できる者のみである。

2. 東亜学校に在籍するだけでは各種の補給等もないため語学力未熟であっても専門の学校にやむなく籍を置いている事情の者もいる。

3. 東亜学校に居るだけでは学歴を高める資格をえられない。

4. 本国で既に一科の専門を修得した者が多い現状から，十分な日本語教育を東亜学校でうけた後研究や見学に従事すればよい。

当局者の要望を原文でみると，「我ガ東亜学校ヲ以テ……徹底的ニ日本語ヲ習得スル唯一ノ学校ナリトイフ念ヲ彼等留学生ノ頭脳ニ印セシムベク，其ノ第一著トシテ先ヅ本校ヲ完全ナル専門学校程度ニ引上ゲタル上，当分ノ間……少数ノ人員ニ限リ補給生トシテ高級班ヲ開始」したいとなっている。

高級班の具体的内容としては，①学生数を当分の間20人ずつで40人以内とする。②学費は1学期20円，③給費は1人毎月30円で毎学年20人を限度とする，という条件であった。

同年度の実績について，第23回卒業式（昭和11年3月）の学事報告から生徒数等を調べてみよう。

高級班1，専修科第3期3，同第2期12，同第1期11，同臨時班2，英数班2，理化班1，地理・博物班1

　計　33班　1,465名，此内兼修139名，延人員1,604名

内　高級班卒業5，専修科卒業122，計127名（在籍185名）

　　高級班修了27，専修科第2期修了408，同第1期修了401，計836名（在籍1,165名）

　　　外に専修科臨時班　在籍115名

また，上級学校入学調（1936年10月現在）によると，官公私立高等教育機関全入学者合計2,321人のうち，1,028人が東亜学校出身者であって，東京帝大の75人中24人，京都帝大31人中12人，東北帝大40人中12人，九州帝大31人中17人，早稲田大218人中105人，明治大300人中133人，法政大370

人中 204 人，日本大 284 人中 104 人といった割合になっていた。

　このような実績をふまえて，東亜学校では高級班を一層完成させる目的で 2 年程度の高等科を新設することを決め，さらに 1 年後，その実績をもとに 3 年制の高等科を設置したのである。これは，「高等学校令ニ準拠シテ本校独自ノ特色権威アル教育ヲ施スコト」[19] をねらいとしたもので，生徒定員は 240 名（文科 3 学級　理科 3 学級〔一学級 40 名〕）となっていた。学科目や毎週授業時数等については割愛するが，日本語学習に相当な力点をおいたカリキュラムであることが特色である。

　高等科の教員は下記のとおりである。修身担当に富田竹三郎・岩松正弥，日本語担当に山根藤七・椎木真一・有賀憲三・泉喜一郎・豊田逸郎・酒井森之介・鈴木正蔵・岩松正弥（兼担）・鷲見利久・安部清美・熊沢龍，英語担当に大塚高信・篠田錦策・湯浅初男，歴史担当に肥後和男・中川一男，地理担当に武見芳二，哲学概説は太田定康，心理論理は富田竹三郎（兼担），法制経済は佐々木三十郎，数学には馬杉肇と山田欽一，自然科学が稲荷山資生というわけである。

　周知のように，1937 年から日中戦争に突入したため，留学生の数は激減した。高等科は，文科のみで開始され，1937 年度の在籍者数は 1 年 5，2 年 2，3 年 2 の計 9 名にすぎなかったのである。その後，1941 年には高等科に理科を新設することとなり，学則の一部を変更した。また，「東亜新秩序建設ノ新段階ニ邁進シ新ニ留学シ来ル者漸次増加シツツアルノ状勢」に鑑み，学則の規定条文を一部改訂している。ちなみに，第 1 条は「本校ハ東亜友邦ノ留学生ニ対シ日本語ヲ教授シ又精深ナル高等普通教育ヲ為シ興亜ノ精神ヲ体得セシメ有為ノ人物ヲ錬成スルヲ以テ目的トス」となっている。高等科については理科新設にともないカリキュラム面も文科理科 2 本立てとなっている。英語を外国語に変更したことも特色の一つであろう。

　東亜学校では各種の教科書を編纂しているが，留学生教育上もっとも注目すべきは，1938 年 9 月に完成した『東亜日本語辞典』である。これは，山根教

頭が教職員全体の意見をまとめて三輪田学監に提案し，学監自ら編集監督となり，全教員が教務の余暇を利用して努力した結果である。完成までに杉から赤間信義へと学監も更迭したが，長年月を費して完成しただけに，教育上に裨益するところ大であった。

## 〈日中戦争の進行と留学生教育の崩壊〉

東亜高等予備学校が存在した約30年間のうち，最後の10年間は日中戦争下と重複するためもっとも扱いにくい時期となっている。東亜友邦の概念のなか

表6-6　東亜学校生徒の出身省別構成（1936年10月31日現在）

| 省　名 | 男 | 女 | 計 | 省　名 | 男 | 女 | 計 |
|---|---|---|---|---|---|---|---|
| （中華民国） | | | | 貴　州 | 3 | — | 3 |
| 広　東 | 131 | 38 | 169 | 甘　粛 | 1 | — | 1 |
| 江　蘇 | 114 | 20 | 134 | 小　計 | 733 | 149 | 882 |
| 河　北 | 97 | 21 | 118 | （満洲国） | | | |
| 浙　江 | 81 | 19 | 100 | 奉　天 | 249 | 38 | 287 |
| 安　徽 | 40 | 6 | 46 | 吉　林 | 117 | 17 | 134 |
| 山　東 | 42 | 3 | 45 | 浜　江 | 109 | 21 | 130 |
| 湖　北 | 36 | 6 | 42 | 錦　州 | 60 | 1 | 61 |
| 福　建 | 32 | 6 | 38 | 安　東 | 35 | 3 | 38 |
| 湖　南 | 32 | 6 | 38 | 龍　江 | 21 | 3 | 24 |
| 江　西 | 32 | 4 | 36 | 熱　河 | 16 | 1 | 17 |
| 四　川 | 26 | 8 | 34 | 興　安 | 9 | — | 9 |
| 山　西 | 26 | 4 | 30 | 三　江 | 9 | — | 9 |
| 河　南 | 14 | 4 | 18 | 間　島 | 8 | — | 8 |
| 雲　南 | 9 | — | 9 | 黒龍江 | 4 | 1 | 5 |
| 陝　西 | 8 | 1 | 9 | 関東州 | 4 | — | 4 |
| 広　西 | 5 | 1 | 6 | 黒　河 | 3 | — | 3 |
| 綏　遠 | 4 | 2 | 6 | 小　計 | 644 | 85 | 729 |
| 出所：『外務省文書』「東亜学校関係雑件」第一巻による。未整理文書のため頁数は出ていない。 | | | | 合　計 | 1,377 | 234 | 1,611 |

に満洲国が入ってきた事実を今日如何に評価するか，の問題もまだ定かでない。ここでは，1930 年代の東亜学校を素材にしながら，留学生教育が崩壊していく様子を描いてみたい。

　はじめに，表 6-6「省別学生数」に注目してみよう。1936（昭和 11）年 10 月末で 1,611 人が在籍していたわけであるが，その割合をみると，中華民国 882 人で 55%，満洲国の方は 729 人で 45%，となっている。女子学生は 234 人にのぼり，14.52% を占めている。これを省別に分けた結果は中国全土から入学したことを如実に示してくれるのである。

　次に，同年度の学歴別構成をみてみよう。

　これによると，中華民国からの留学生は大学や専門学校出身の者が多いのに対し，満洲国からの留学生は師範学校や高級職業学校，初級中学出身の者が多い。また，両者とも高級中学出身者も多い，といったところに特色が見出せる（表 6-7 参照）。

　このように多数の留学生をかかえていた東亜学校では，高等科 1 班（20 人）をはじめ，専修科は第 3 期 2 班，第 2 期 7 班，第 1 期 18 班のほか英数普通班・英数高級班・物理化学班・夜間班に分け 1 クラス 45〜60 名を対象

表 6-7　東亜学校学生学歴別人員（1936 年 10 月 31 日現在）

| 学　歴 | 中　華　民　国 | | | 満　洲　国 | | |
|---|---|---|---|---|---|---|
| | 卒業 | 未卒 | 計 | 卒業 | 未卒 | 計 |
| 大学研究院 | | | 5 | | | 1 |
| 大　　　学 | 210 | 107 | 317 | 62 | 48 | 110 |
| 専科及学院 | 123 | 25 | 148 | 28 | 8 | 36 |
| 師　　　範 | 28 | 3 | 31 | 96 | 23 | 119 |
| 高 級 中 学 | 255 | 30 | 285 | 231 | 36 | 267 |
| 高 級 職 業 | 33 | 1 | 34 | 53 | 20 | 73 |
| 旧 制 中 学 | 4 | — | 4 | 2 | — | 2 |
| 初 級 中 学 | 28 | 4 | 32 | 93 | 14 | 107 |
| 職 業 学 校 | 3 | — | 3 | 3 | — | 3 |
| 小　　　学 | 3 | | 3 | 2 | — | 2 |
| 日本の中学 | — | | — | 1 | | 1 |
| そ の 他 | 16 | | 16 | | | 5 |
| 不　　　明 | | | 4 | | | 3 |
| 計 | | | 882 | | | 729 |

出所：『外務省文書』「東亜学校関係雑件」第一巻による。
　　　「外務省文書―東亜庶第 25 号　昭和 11 年 11 月 13 日」（東亜学校関係㊁）

に教育した。

　学監が杉栄三郎から赤間信義に代わったのは 1937 年 1 月 8 日のことであるが，この年は日中戦争勃発という大事件が発生し，同年 3 月末日付で新制高等科設置にともなう学則変更をしたのにもかかわらず，学生数は激減し，その存在すら危ぶまれるに至った。1940 年 1 月 29 日，赤間学監辞任により杉が再び後任を委嘱された。同年 8 月 7 日には，文部省令が公布され，「東亜学校高等科卒業者ハ大学入学ノ関係ニ付テハ之ヲ高等学校高等科卒業者ト看做ス」ことになった。

　1941 年 4 月末，官制改編により日華学会はそれまでの外務省所管を離れて興亜院に移り，さらに翌年 11 月 1 日には大東亜省の所管となった。1944 年 5 月 6 日には大東亜省並びに文部省の共管（文部省主査）と転じている。

　東亜学校の経営は，所管官庁の財政援助をうけて，校舎の増築，敷地買収などを繰り返し日中戦時下をきりぬけている。戦争の苛烈化にともない「非常時下ノ集合教育ニ依ル学生ノ地方移動」等も行われた。最終段階と目される昭和 19 年度の日華学会決算書によれば[20]，収入総計 30 万 2,978 円 17 銭のうち，国庫補助金が 29 万 163 円に達し，その割合は実に，95.77％であるが，これを支出でみると東亜学校補助金 15 万 1,801 円が経常費として計上されており，臨時費として東亜学校高等科拡充費に 6 万 5,440 円，東亜学校校舎建築費償還金に 4,262 円 31 銭が加わり，計 22 万 1,503 円 31 銭は総支出額の 73.11％に相当する。うち，建築費償還金は年度内未完成のため全額返納となったが，財団法人日華学会経営の私立学校として位置づけられていたにもかかわらず，東亜学校の経営は，国庫補助に完全に依存していたことがわかるのである。

　1944 年 12 月 26 日付大東亜省より次官通牒があり，日華学会は「日華関係ノ新情勢ニ鑑ミ，国家的要請トシテ新タニ設立セラルベキ財団法人日華協会へ本会解散合同措置方ニ関シ依命」された。翌年 2 月 15 日，財団法人日華協会設立により解散手続を終えたが，これにより，東亜学校も事実上消滅したことになる。1945 年 11 月 10 日には，日華協会の名において「残余財産処分ニ関

スル許可申請書」が外務大臣，文部大臣あて提出されている。

　最後に，解散時における東亜学校教職員の氏名をあげておこう[21]。校長細川護立，学監杉栄三郎，教頭（高等科教務課長）森川智徳，名誉教頭松本亀次郎を置いて，正科教員に奥田寛太郎・高仲善二・有賀憲三・豊田逸郎・太田定康・鈴木正蔵・岩松正弥・猪野清美・小川正一・北構保男（以上教授），小林隆助・関武次郎・福井私城（以上講師），同事務員に宮本晋・中村茂吉・鈴木恭太郎・本間喜一郎，高等科教員に小柳篤二・川口幹・中村祐吉・木村新・萩原文彦・鈴木斎一・酒井森之介・藤田重行・金田一春彦・佐久間重男（以上教授），湯浅明・中西義栄・小笠原慈瑛・児玉帯刀・山本毅・福本正人・鈴木大典・興地審英・関田保男・松田智雄・八木林太郎・大賀一郎（以上講師），同事務員に丹野寛・酒井百合子といった顔ぶれである。このなかには応召中の者も若干含まれている。なお，東亜高等予備学校の全体像については未整理文書が多く充分な紹介はまだできていない。また，全体として，当時の中国側学制改革，教育者たちの動きについての史料収集も不充分であることに加え，満州事変（1931）――日中戦争（1937）――太平洋戦争（1941）と続く時局の変化が創立時の期待を歪め，次第に松本亀次郎らを窮地に追いこむのである。

　最晩年時における松本亀次郎の身辺について，平野日出雄は「澄み切った心境」と題する文章を残している。その一部を紹介してみよう。[22]

　　「松本亀次郎先生の交際範囲は驚くほど広く，日本の指導層の重要な部分から尊敬されていた。しかし，先生は……日中戦争が激化しても，人の集まるところで，平気でこの戦争は誤りであり，中国人民は決して屈服しないと断言するので周囲が心配したという。そのために反軍主義者と見なされて，亡くなるまで特高警察がつきまとったことを村人や縁者が証言している。」

　　「東京が戦火に包まれるようになって，昭和十九年秋に松本先生は故郷の生家に引き揚げた。……（以下略）」

　東亜高等予備学校（東亜学校）の創設者・校長・松本亀次郎は，日華学会と

合併後，職名としては教頭・名誉教頭と肩書は変わるが日本敗戦の時点まで同校の教壇に立ち多くの中国人留学生に日本語を教えた。最晩年には郷里静岡県に疎開するが，創立時の理想は充分に果たせなかった。しかし，中国の高等教育機関（京師法政学堂）で体得した日本語教師としての実力と人間力は同僚はもとより日中両国の有識者が認めるところであり，敗戦を見とどけて逝去，彼の偉業は顕彰され，遺された資料なども記念館に納められている。

## 注）

1) 対支文化事業の精細については，阿部洋『対支文化事業』の研究——戦前期日中教育文化交流の展開と挫折——』（汲古業書 51）汲古書院，2004 年を参照。

2) 拙稿 A「戦前日本における中国人留学生教育——東亜高等予備学校を中心として——」阿部洋編『日中関係と文化摩擦』（業書・アジアにおける文化摩擦 巌南堂書店，1982 年，pp.159～208 に収録。および，拙稿 B「日中文化交流史研究——松本亀次郎の中国観を中心として——」『国立教育研究所紀要』第 121 集 1992 年に収録した。

　　これら 2 編を原本として，拙著『日中の道，天命なり——松本亀次郎研究——』学文社，2016 年の第 10 章・第 11 章とした。本論文においては，AB2 論文を要約した形で一部再掲している。

3) 東亜高等予備学校創設時の教頭後・吉澤嘉寿之丞については，戦前の留学生教育に尽力した功労者で，戦後いち早く創設された京都外国語大学（森田一郎の実父）との関連から注目される。岩間教育科学文化研究所編『世界新教育運動辞典 分冊・第 2 巻』pp.118～122 にその一部を紹介した（執筆者・二見）

4) 松本亀次郎『中華留学生教育小史』p.37

5) 同上書　p.44

6)『日華学会二十年史』p.5

7) 同上書　pp.10～11

8) 同上書　p.10

9) 同上書　pp.38～39

10) 同上書　pp.56～57

11) 日華学会の立場からいえば，東亜高等予備学校を譲受したことになるが，松本亀次郎は「合併」という見解を立てており，筆者は松本の立場を尊重しつつ客観的な叙述をすることにした。

12) 外務省文書「在本邦留学生予備教育関係雑件・特設予科関係」第 4 巻（外交史

料館蔵）に基づく。

13) 図6-1の出所は，『日華学報』第4号，昭和3年6月25日発行，p.32　高橋君平の作成による。

14) 同上書

15) 筆者は，龍山義亮要員を生前訪問し，この間の事情を確かめたことがあるが，原案作成のまとめは三輪田の手になるとのことであった。

16) 表6-1～5については『日華学報』所載の「卒業生名表」および『日華学会二十年史』1939年　附録等を参考に作成した。

17) 外務省文章「日華学会関係雑件」第1巻所収の「東亜高等予備学校職員表」による

18) 同上書

19) 同上書所収の「東亜高等科ニ関スル書類」による。

20) 外務省文書「日華学会関係雑件」第2巻所収「日華学会二十八回年報」による。

21) 同上書。このうち，出征中の者や解散後応召された者も若干ある。なお，名誉教頭松本亀次郎は郷里静岡県に疎開し，昭和20年9月12日80歳で永眠している。

22) 平野日出雄『松本亀次郎伝』静岡教育出版社，1982年，pp.263～264

# 第7章

# 松本亀次郎の学問観と教師像

　これまで，松本亀次郎の生い立ちに始まり，小学校長，師範学校，宏文学院，京師法政学堂と移り，最後は，自ら校長となって創設した東亜高等予備学校には冠頭に「日華同人共立」を掲げ，中国人留学生を中核とする若い世代を啓発し，専門性を発揮し，世界平和に役立つ人材の育成に献身した姿を通観した。

　第6章までは，彼の努力の足跡を学校ごとに言及してきたが，本章においては，その全体像を描きながら，彼の教育者・研究者としての真骨頂は何であったかを探究してゆく。特に，魯迅・周恩来・秋瑾といった近代アジアの方向づけに貢献した人物との関係にも着目しつつ，教育そして学問とは如何なるものかその模範的生涯を生ききった偉人として松本亀次郎の人生をふりかえってみる必要があると主張したい。

　嘉納治五郎らの導きにより教育の対象を日本人から中国人へ変えることとなった30代の宏文学院時代，さらに40代になると，北京の最高学府の一つである京師法政学堂で大学の教壇に立ったことは，松本にとって大学人としての自覚と責任を社会的に実践した年月であった。いうまでもなく，この時期の日中両国は文化摩擦の進行中で，悩み多き苦難の日々，彼の良心の確かさが試されている。しかるに若き日の努力が人間力として発揮できたからこそ晩年を乗りこえ今日までも彼は高く評価されてゆくわけであろう。以下，彼の言行録を辿りながら，研究のまとめをしてゆきたい。

　検討に先立ち，公文書に記録されている松本亀次郎の業績を引用しておく。

まずは公文書に記録されている「松本亀次郎氏経歴」[1]は注目に値する。手書きの24頁，その末尾に「経歴」として書かれた文面を，ここで全文紹介してみよう。特記すべき6項目にまとめてある。戦前日本国としては，松本亀次郎の業績をどのように評価していたかを示している。

「（約説）氏が支那留学生教育の為尽瘁セルハ以上列記セルガ如クナレドモ其ノ内特記ス可キハ大要左ノ六項トス

一，初メ自費ヲ以テ東亜高等予備学校ヲ創建シ漸次規模ノ拡大ニ連レ朝野各方面ノ援助ヲ得テ事業ノ発展ヲ図リ其間国際関係或ハ大震火災等ニヨリ多少ノ変遷アリト雖忍苦多年克ク支那人ニ対スル日本語教育機関ノ基礎ヲ築キタル効績ハ没スベカラズ

二，留学生教育ニ関シ諸般ノ問題ノ生起ヲ見ルヤ　実際家ノ立場ヨリ時宜ニ適シタル意見ヲ具シテ　或ハ外務，文部ノ当局ニ陳情シ　或ハ貴衆両院ニ請願シテ各方面ノ理解ヲ求メ　対支文化国策ニ寄与セルコト尠カラズ

三，外国人ニ対スル日本語教授ノ実験上ヨリ多数ノ日本語教科書或ハ参攷書テ著述シテ　早クヨリ留学界ニ多大ノ稗益ヲ与ヘタルト同時ニ海外ニ日本語ヲ普及セシノミナラズ従来ノ国語学者ガ未ダ着手セザル口語研究ノ新方面ヲ開拓セシコト

四，中華留学生教育小史ハ其題名ノ如ク小史ナリト雖，多年心魂ヲ傾倒シテ斯教育ニ従事シタル氏ニシテ始メテ筆ヲ執リ得ベキ独創的編術ニシテ日本文化ノ海外発展史上欠クベカラザル史科ヲ提供シタルモノト云フベシ

五，氏ガ留学生ニ対スル至誠一貫全ク功利ヲ忘レタル献身ノ態度ハ直接薫陶ヲ受ケタル約二萬余ノ留学生ノ等シク欽仰スルトコロナリ　今日時局ニ禍サレテ出処ヲ誤レルモノモ　和平成ルノ日　斯教育ノ効果ハ必ズヤ彼比親善，楔子タルベキハ疑ヲ容レザルトコロニシテ　国際親善上陰ニ陽ニ多大ノ貢献ヲナセルモノト云フベシ

六，上述ノ如ク氏ノ事業並ニ著書ハ直接間接ニ国際発展ノ線ニ添ヘルモノナルカ　更ラニ本年（昭和16年？筆者）七月七日東京朝日及大阪朝日新聞ノ

　　記載スル所ニヨルニ

　　満州国皇帝陛下ニハ　日本語御研究ノ御資料トシテ　氏ノ著書ヲ御採用ア
　ラセラレシ由　斯ノ如キハ満州朝廷ニ於テモ氏ノ著書ノ真価ヲ認メラレシモ
　ノニシテ独リ氏ノ光栄ナルノミナラズ

　　皇室ノ御親交ニ何分ノ貢献ヲ致ス所アルモノト言フモ過言ニアラサルヘシ
　（筆者注：引用全文旧字体）」


　　日中両国から高く評価されていた松本亀次郎，外務省文書の記録をみると，
日本側の評価には，これまでの引用資料に盛られている文言とは若干角度のち
がいを感ずる。尤も上記「約説」のうち「一」から「五」までは筆者の評価と
ほぼ同じであり，「国策発展ノ線ニ添ヘルモノ」と断じても間違いではない。

　　しかし，「東京朝日及大阪朝日新聞ノ記載スル所」を，今日の視点からその
まま肯定するわけにはいかぬ。研究者によっては，公文書に記載されている言
辞を松本亀次郎の見解だと見なし，「彼は決して歴史的に公正を期した教育者
とは言いきれない」と批判するケースもあるが，公文書の言辞はあくまで日本
政府側からの評価で，日中関係が「戦時下」におかれていた当時，まして，満
州国が存在していく状況の中で，日本語教師として行動することの難しさを痛
感していた松本の心情を慮るとき，松本への公的評価そのものが，今日的視点
から全面的に正しいとは決していえないのであって，昭和10年代の教壇にお
ける松本亀次郎の行動には，後世のわれわれが心情的側面から教育者としての
苦悩を理解した上で評価しなければ正しい歴史を読み込んだ解釈とは決してい
えないと考えるのである。

　　当時の留学生たちは松本の教授内容について，一体どのような評価をしてい
たのだろう。関正昭・平高史也の研究によると[2]，平高は「日本語教育者の言
説」を大局的に解説している。前述松本亀次郎『中華留学生教育小史』所載の
文言に注目しての見解である。

　　松本の言を引用してみよう。[3]

　「日本国民の中には，今日でも，尚日清日露の戦役に大勝を占めた余威を駆って，動もすれば民国人を蔑如するような言語を弄するものがあり，世の指導者を以て任ずる新聞紙の記事中にも，詰らぬ引合を出して，民国人を嘲弄するような言辞を往々発見するので，留学生等に不愉快な感情を与える場合が少くないのであるが，是は国民交際上慎んで貰いたい。而して出来得る限り，家庭を開放し，留学生と歓談する機会を作って貰いたいのである。……遠く父母の国を離れ，住み慣れぬ外国に来て，孤独且不自由な生活をして居る留学生諸子であり，殊に留学生は何れも良家の子弟で，国に帰れば，政治家軍人乃至実業家教育者等に成っても，有力な人々に成るのであるから，各家庭に於いても，相当な敬意と同情とを寄せ，且子供に対しては，妄に外国人を罵詈する習癖を戒められたいのである。」

　松本亀次郎が上述のような中国留学生観，日本語教育論を披瀝した頃，日本語教育の現場では，教師の大半は「文化政策としての日本語教育」に熱中していた。一例として北支那の唐山扶輪学校に勤務していた細部新一郎は「東亜新秩序建設と日本語教育」という論文の中で「支那の国民の 80 パーセントは全く文字を知らない」と認識し，「中国人民を啓蒙するのが……日本語教育者の使命である」と発言しているらしい。[4]

　筆者は，約半世紀をかけていろいろな角度から松本亀次郎の業績，人間性を探求したが，関係資料を収集し分析する過程で，彼の教師像そして学問観に心打たれること多大であった。

　松本亀次郎の本領は日本語教育の専門家，若くして教壇に立ち，終生を教育者として社会的責任を果たした人物だが，最も大事な点は，彼が中国をこよなく愛し，隣国の文化を尊敬していたことではないだろうか。東亜高等予備学校の同僚吉澤嘉壽之丞らと中国視察に出かけた折の記録『中華五十日游記』に盛られていた見聞記を通観すると，見学先への関心に加えて，教え子たちへの想いが満ち溢れている。その姿勢で留学生たちと接し，魯迅や周恩来らとも心を

打ちとけている。筆者自身は汪向栄や林林など彼の教え子たちとはＮＨＫ取材の過程で会見できたが，上述のような風景がありありと浮かび亀次郎の人間性が並みのものでないことを学んだ。

　今後共，日中両国の研究者たちと交流し，弟子たちに「学問」の大切さを説いた偉大なる教師・松本亀次郎が時空を超えて握手を求めておられるように感じた。周恩来らとも親しかった文豪・井上靖は次のように語っておられた。「人類の歴史に，滅びの記録はないのです」「作家や歴史家や考古学者が必要なのはそのためです」又曰く，「素晴らしい人や出来事に目を向けると，夢のように美しい光景が浮かんでくるものなんです。……先生の美しい心，高い志に触れますと，私たちの心も自然と動き出し，文字となって出てくるというわけでしょう……」と続く。

　先行研究の中で，筆者も同調し共鳴したい事例はいくつも出てくる。それらの見解に注意を払いながらも，松本亀次郎ならではの発想，彼の本領・本心として 21 世紀の道標になりうると思われる発言・行為を拾い出してゆくことが肝要ではないかと思う。

　儒学の一節に「知仁勇」がある。筆者はこの３者のなかで「勇」にあたる言行を松本亀次郎の実践に即していくつかあげてみたい。

　まず，著作の一つ「隣邦留學生教育の回顧と將來」(岩波書店刊『教育』4 月号特輯「興亜教育の問題」)に寄せた文章に注目しておく。この文は 1939(昭和14)年 4 月に掲載されたもので，原本は現在大東北公民館に収蔵されている。同誌には若干の書き込みがあるので，全文を修正した上で拙著[5]にタテ書きをヨコ書きに改めて掲載した。ちなみに 17 項目のテーマは，下記のとおりである(原文のまま)。

1. 目標を實生活に置け
2. 事變中に日本語學習熱はどうして熾んになったのか
3. 殖民地に課する日本語と留学生に課する日本語との差異
4. 過去に溯つて老生の日本語教授に対する体験

5. 普通科の日本語……「魯訳」のことをここでふれている……

6. 速成師範科の日本語

7. 言文對照漢譯日本文典發行の因縁

8. 日本語教科書（語法用例の部）の編纂

9. 僕が北京の京師法政學堂に招聘せられた動機

10. 北京に於ける日本敎習

11. 革命の勃發

12. 同情會の發起

13. 清國招聘の日本敎習歸還

14. 東亞學校創設の動機

15. 我が東亞學校を日華學會に併合した理由

16. 東亞學校の現狀

17. 興亞敎育に就きての希望

松本自身の歩みそのものが中国人留学（生）史であり，朝野に対して率直な「卑見」とはいえ，日中両国に気配りをした見事な提言，校長―教頭―名誉教頭と社会的には格下げされていく肩書きなどにはビクともせず，常に堂々と高見を披露していく態度は見事なものである。

17の書き出しには「日本の朝野は単に自国民教育に熱中（隣邦人教育には余りにも無関心であった）」と反省をうながした上で6つの希望を列記していることに注目せねばならない。

その1は「大学」，その2は「持てる人」，その3は「是等の教育に任ずる者の保證を確立すること」，その4は「国家として相当な予算を興亜教育に計上する事」，その5は「民心を把握するには恩威並び行はれねば駄目」，の5点に力点を置き，「興亜」の名において次のような結論に至っている。

「煦々たる春光の下に彼等の生活を助成し彼等の安全を保護し彼等の祖先以来最も好きな学問教育をさせる様に導く。……」

「（興亜教育の）一部をなす日本語教授も実利実生活に到ふ様にせねば無効

である」

　「同じ日本語を習はせるにしても学習者の用途によって会話本位で教へる者と，学術研究のたそくにする者とは，別途にせねばならぬ……」

　1939（昭和14）年といえば日中戦争期に入って3年目，公人としての松本亀次郎の発言は「体験談に自画自賛的語調のあるのは愚直な老人の不遠慮な繰り言として寛恕を祈る」で筆をとめているが，ほどなく太平洋戦争が始まろうとするこの時，中国を尊敬し，中国人をこよなく愛した松本亀次郎なればこそ，こうした発言を許してもらえたのではないだろうか。これより5年後，疎開先で永眠する彼の真意を知る者は，それほど多くはなかったであろうが，しかし，その影響は今日まで続いていくのである。

　次に，松本亀次郎の本領を示す発言を東亜高等予備学校創立の頃にさかのぼって再確認する資料分析に入りたい。そのラインで過去の発言，社会的提言を真剣に吟味せねばならぬと考える。

　松本亀次郎の生涯を筆者は次のように表現したい。日中友好のための哲学は「宏文学院で種子がまかれ，京師法政学堂で芽が出，東亜高等予備学校で花が咲き，実を結ぶ」[6]。

　同論稿のはじめに，筆者は次のような文章を挿入した。「非友好の時代とされる戦時下を舞台に，松本の晩年を研究対象とする」わけだが，彼は「日中戦うべからず」を公言して憚らない「憂国の志士」であると同時に，日本語教育を普及させることによってアジアの平和を祈願する愛国者でもあった。（嗣子・松本洋一郎氏談）

　そして，彼の実践を支えていたものは人間性の良さであったと思う。最初の伝記をまとめられた増田実氏から直接伺ったことは「教育に魂を打ち込んだ全生涯……敬服嘆称の人格者」という評価であったし，彼の実践を支えていたものは，栗田とし（亀次郎の姪）から筆者に寄せられた書簡によれば「努力の人・誠の人」とある。前述のとおり，松本亀次郎研究のための必読文献，その1は静岡県立図書館の平野日出雄氏，その2は井上靖氏の弟子ともいえる武田勝彦

氏，の入念な解説に筆者も深い感動を覚えた。さらに，松本の事績を国際レベルに引き出した功労者は汪向栄北京大学教授である。先に紹介した第1回国際学術討論会（中国中日関係史研究会主催）では「中日関係史的過去和未来」と題する総論的演説をされている。

　NHK教育テレビ（1994年8月23日　全国放送）の特集番組「日中の道，天命なり—日本語教師・松本亀次郎—」は佐賀・福岡局の企画で，筆者に協力を求められ，訪中の折，汪向栄氏宅にも同行，愛弟子から直接松本について語ってもらった。その節は，全国放送の反応も多く寄せられた。その中の一つ「（当時）戦争反対を本に書き，それを各界の人物に送ったことは，大変勇気がある」「松本は，本当の意味での国際化を目指した人，……すべて人間は平等であり，もっと大きな視野をもつべきだ」「教育に国境はないと思った」「…………」と続く。ビデオ視聴後の学生や研究者たちの反応は松本亀次郎評価の表現だと思う。本当の平和や国際交流のあり方を考える際に，松本の言行は平和学習につながる快挙だと考えたい。

　今日も，西洋崇拝，アジア・アフリカ蔑視という観念が，日本人の側にあるのは否めない事実である。学生の一人は「ビデオをみて，教育に国境はないと思った。……学ぶことが同じであれば，お互いの文化を生かし良い方へ高めていけばいいことだ……」ともいう。

　なお，ビデオの中では，周恩来の留日時代を描いた中国版映画の一部も紹介されている。東亜高等予備学校で松本亀次郎と周恩来は子弟関係にあった。汪向栄と同様，松本の心をきちんと体得していた中国人の愛弟子たちが戦前日本に多数存在していた事実をわれわれはもっと大事にしなければと思う。

　松本亀次郎の持論を紹介するにあたり，筆者は1939（昭和14）年の「興亜教育」の内容に注目しているが，それより8年前『中華五十日游記』と題する著書を出版し，各界の有志に送りその反応を見ている勇気ある行動に今われわれは注目しておかなければならない。彼の中国観，学問観は次の文章に結実しているからである。

「日華両国は唇歯輔車の関係に在り，共存共栄は天命的に相互の国是であらねばならぬ。……国民相互が達観的に斯様な理解であれば，両国の親善は永劫に大磐石で，随つて留学生の動揺も容易におこらぬはずである」

かくも高い国際感覚をもつ教育家が当時の日本に存在していただろうか。『小史』と同時に出版した『中華五十日游記』(1931) の一節は哲学者松本亀次郎の言というべきであろう。その部分をとり出してみよう。

「再び私見を吐露して見よう。留學生教育の目的に關し，最も多くの人の念頭に存する者は，日華親善の四字に在る様である。日華親善固より可であるが，予が理想としては，留學生教育は，何等の求める所も無く，爲にする事も無く，至純の精神を以て，蕩々として能く名づくる無きの大自然的醇化教育を施し，學生は樂しみ有るを知つて憂ひあるを知らざる樂地に在つて，渾然陶化せられ，其の卒業して國に歸るや，悠揚迫らざるの大國民と成り，私を棄て公に殉ひ，協力一致して國内の文化を進め，統一を計り，内は多年の私爭を熄め，外は國際道德を重んじて，獨り日本のみならず，世界各國に對しても睦誼を篤くし，儼然たる一大文化國たるの域に達せしめるのが主目的で，日華親善は，求めずして得られる副産物であらねばならぬと考へるのである」

松本亀次郎は「大自然的醇化教育」を理想に掲げている。「内は多年の私爭を熄め，外は國際道德を重んじる」「世界各國に対しても睦誼を篤くすれば一大文化國なる域に達せしめる」「……」。その結果は「求めずして得られる副産物」……何と崇高な言辞であろう。

学問の真実は，時代を超え国境を越えたところにある。西力東漸の流れの中で日本も中国も苦労を強いられた，その苦境を乗りこえるために「学問」の力を信じようとした。しかし，現実のアジアは西洋の帝国主義的行為の渦中で悩みの極にあった。その現実を打開するために日中関係はどうあるべきか。日本語を介して互いに語りあえる同志の間では真実の日本人そして中国人を探しあっていたのではないだろうか。その時，救世主となって現れたのが日本人では

松本亀次郎のような存在であり，実践理論である。ちなみに，松本の日本語教育論によれば，「同化政策としての日本語教育が主流を占めていた観のある戦前……骨のある態度で中国人留学生の教育に取り組むのは容易なことではなかった……松本亀次郎の存在はひときわ異彩を放っている」[7] と解説されている。

　日本敗戦後数十年の時間を置いて「真実の学問観」に達していた松本亀次郎の実践理論が見直されてきた。その言明は先の松本言行録に明記されていた，と筆者は解したい。


　「至純の精神」を体していた若者は昭和初期に限定しても育っている。日中友好のために日本人が心から反省し正しい国際感覚の中で友好の道を辿らねばならぬ，そうした事例はないものか……この40年，『日本近代教育百年史』編集出版の中から学びとった若者の発言を探していたところ，先年，中国留学の体験をふまえて後輩たちに送ったメッセージを発見した。昭和3 (1928) 年発表の田中守造提言である。その一部を引用してみよう。[8]

　　「日本が何時迄も支那をチャンコロ視してゐて良いでせうか……彼等の勤勉努力寒暑共に堪へ得る忍耐性，個人としてこれ程優秀な人種が何処にありませう。……」

　　「如何に日支提携，日支親善を説いても支那人に対する観念を改めなければ先方は承知しますまい。況んやお互に相手の事情，風俗習慣を知らず誤った概念で蔑視し合っては何時までも親善の時はないでせう……」

　　1909 (明治42) 年生まれの田中は，鹿児島県立加治木中学校に入学，1927 (昭和2) 年選ばれて上海の東亜同文書院に進学 (鹿児島県から4名，全国で91名) したが，在学中病気となり，忍耐力と正義感でひたすら勉学に励んでいたが卒業まもなく24歳の若さで逝去，惜しまれている。東亜同文書院では中国人とも学問的交流があり，彼の日記にはアジアの中での日本，中国の潜在能力などを的確に認識した文章となっている。日記の中から田中の持論を2，3描き出してみる。

「実際の問題として日支親善は重要なり。島国根性の日本人と己惚れの中華思想共に時流に覚醒するを要す。然り然して日支共存は果して何の日に実現される」

「日支親善の論文を托されて是非今明日中に書かねばと参考書らしいものを抽き出して来た。……日本は世界の三大強国の一でもなければ勿論一等国でもないのだ。それを本国では得意になって言ってゐるから寧ろ可哀いさうだ。自負心のみ強く，全界に恐るるものなしとしてゐる」

「日支親善に就いて論文を書いてゆく中に将来日本はどうなる，支那があくまで日本を排斥したらと考へてゆく中に一種の淋しみな帝国の前途を感ずる……」

「日本の徳川時代に於ける三百年鎖国の夢は二十世紀には適しない。自強を強くせずして他を誹謗し，以って時代錯誤的暴力に依って自家の安全で図らんとしても果して可能か。然し乍ら支那若き支那には目覚めたる青年が時を待ちつゝある。三十年四十年の後こそ注目に値する」

「何の日か支那蘇生の時や来らん。その時の中国の威勢，又日本等眼中に無かるべし，恐るべきは支那，恐れざるべきも支那，支那は謎の国。俺等は此の謎を解き人類の否東亜の為に尽くす所あらんとす」

東亜同文書院第27期生，田中守造の言行は彼の日記類を読む中から明確となった。大正～昭和期はデモクラシーの風が世界中に吹き荒れ学問の自由を内実とする動きが出はじめていた。日本の教師たちは国策の中ではあっても子どもたちの能力を引き出す努力をしたと思われる。徳の高い勇気ある優れた人材も輩出していたと思われる。ヒューマニズムの精神が溢れ，正義感に満ちた人材が育っていたことを田中日記は示している。

松本亀次郎は，昭和初期，「日中戦うべからず」と高らかに発言している，正義感あふれる学究であったわけだが，1930（昭和5）年前後の若い青年学徒たちの中からも，田中守造のような勇者がひそかに日中関係の将来を憂えていた

のである。筆者の母校から出た若者が外国体験で世界を見つめ，前記のような発言を書き残していたことに注目したい。[9]

　日中戦争は一部の政治家や軍人の誤った歴史認識から起こったものであり，人間力すぐれた松本らの力をもってしても制止できなかったところに日中非友好の苦悩があったといわねばならない。

　東亜高等予備学校で日本語習得を通じて大きな国際的先見性を学んだ周恩来や汪向栄の後半生は，今日の日中友好の突破口であったと思う。本研究は，友好への道を両国の識者たちに説いた偉大なる先覚者松本亀次郎を顕彰することに意義を感じている。

## 注）

1）外務省文書「東亜学校関係雑件」第一巻　所収。
2）関正昭・平高史也編『日本語教育史』（NAFL 選書13）　1997年刊
3）平野日出雄『日中のかけ橋——松本亀次郎伝——』静岡教育出版社，1982年，p.238 より再引。
4）『国語運動』第4巻第9号，1940年，pp.20〜21参照。
5）拙著『日中の道　天命なり』（2016年　学文社）
6）拙稿「松本亀次郎の中国認識」鹿児島女子大学『研究紀要』第13巻第1号，1992年
7）関・平高ら前掲書　pp.188〜189
8）旧制鹿児島県立加治木中学校・校友会誌『龍門』
9）拙稿「生涯学習社会における国際教育」（昭和3年版）
　　その三（志學館大学人間関係学部『研究紀要』第39巻，2018年，pp.141〜153）および同題参照。
　　その四（同　第40巻，2019年，pp.93〜124）

# 結　語

　20世紀前半のアジアは西力東漸の流れの中で近代化の内容と方法をめぐり
複雑な理論と実践が交錯していた。日本は第二次世界大戦後「世界平和」への
道を探求できたが，時代は早くも21世紀に突入している。しかし，国際関係
の理想像は定かではない。筆者は，当面の的をアジアの来し方ゆく末に絞り，
そのための研究を達成するため，本格的学問をめざして，この百年余の歴史を
静観しなければならぬと考えている。「学問の在り方」を見直すための世紀に，今，
われわれは置かれているのではないだろうか。

　約半世紀に亘るライフワーク「松本亀次郎研究—学問観と実践活動—」を結
ぶにあたり，研究者と教育者の両面をあわせもつ偉大なる人物として，国際社
会に通用する松本亀次郎の実践理論を明確にしたい気持である。

　恩師・平塚益徳博士は，古今東西人間が営んできた教育面のすべてに光を当
てるよう指導された。そこで筆者はアジアの一角に生を受けた日本人として，
特に隣国・中国との友好を通して学んできた人間教育のエートス「松本亀次郎
の生涯」を通観する中から学びとってみたいという目標を立てる。資料を集め，
研究発表を重ねながら修正を繰り返し，日中両国を軸にしてアジア，そして世
界を見通せる理論を世に紹介したい一念で研究に精出してきた。

　これまでは，しかし，断片的な小テーマでまとめたことを発表するにとどま
りがちであったが，各舞台ごとに生じてきた教育学的問題を整理してみると，
松本の理論形成の営みはそのまま日中関係史研究の中で重層的に止揚されてき
たことに気付く。

　第1回中日関係学会で指名された発表で筆者が選んだテーマは「京師法政学
堂と松本亀次郎」である。それは，1972年から始まった文部省科学研究費助
成による共同研究の中で筆者が開始していた研究課題，その成果の一部といえ

る。北京での発表は 1988 年であるから 15 年以上の時間を経て国際学会の舞台に立てたことになる。その間の状況については「緒言」の中でも若干述べたとおりである。

　松本亀次郎研究に関する論文集成は 2 回行った。すなわち，1994 年と 2016 年，両書の中には若干重複部分もある。今回はそれらの諸論文を「伝記」風に一本化した。まだまだ研究の余地を残してはいるが，ライフワークの集大成といえるかも知れぬ。


　章ごとの要点等をまとめてみると，

　第 1 章「生い立ち」では，松本が故郷の静岡で体験した文教的風土の中で学びとった思想，東洋哲学の極意というべき「知仁勇」そろった学問観が如何に形成されたかを少し具体的に通観した。

　第 2 章「師範学校での学び」では，19 世紀末の比較的自由な雰囲気の中で才能を磨き，教師の道に踏み込んだ青年教師ぶりを探ってみた。

　第 3 章『佐賀県方言辞典』編纂では，教師から研究者へと前進していく中で，新しい学問分野というべき国語学の研究者となり，学界でも認められていく様子を追ってみた。

　第 4 章「宏文学院」では，嘉納治五郎のもと中国人留学生教育に邁進する中で，優秀な研究仲間との語らいがあったこと，特に教え子の一人魯迅との学びあいが日本語学者としての力量を高めたこと等について考察した。

　第 5 章「京師法政学堂」では，日本人教習の一員として中国最高学府の学生に対し，研究上多くの仲間と日本語教育を推進できたこと，北京に招聘された日中両国人同志の交流もあり，帰国後の学校づくりに大いに役立ったこと，そして，何よりも，中国文化に対する認識が深まったことなど，松本の学問観に変化が生じてきたことを説明した。

　第 6 章「東亜高等予備学校」では，かつての教え子曽横海らの要望を受けて，本格的予備教育，その実践を通して彼の本領を知る「日華同人共立」は松本の

国際教育上の信念であった。

　そして，第7章「松本亀次郎の学問観と教師像」を再確認する。大きな伝記としてはすでに，先達の力作が数編世に出ているが，筆者の場合，研究者兼教育家として勇気ある発言をされてきた業績をたどりながら，彼が足場としていた師範学校，宏文学院，京師法政学堂，東亜高等予備学校と続く教育機関での活躍ぶりを重層的に紹介することとした。

　教育界に限らず，社会全体で求められている先覚者像を「比較教育」の分野からクローズアップしてみることも意義があると信じている。

　総じて，松本亀次郎の学問観は日中関係交流史の中でアカデミズム，リベラリズム，ヒューマニズム等の融合体であり，時代を超え国境を超えて21世紀に通じる視野の広い，深い哲学に裏づけられた内実であると思う。大学観の見直しや新時代の教育者が持つべきものであり，発言には未来への展望が深く秘められていたことに注目したい。

〔著者略歴〕

二見剛史（ふたみ　たけし）

1939年　鹿児島県生まれ
1958年　加治木高等学校卒業後九州大学へ
1966年　九州大学大学院博士課程を経て研究助手（1年間）
1967年　国立教育研究所教育史料センター研究員
1974年　日本大学教育制度研究所専任講師
1980年　鹿児島女子大学助教授・教授
　　　　志學館大学（校名変更）教育学専攻主任，学生部長，
　　　　生涯学習センター（初代所長）
2005年　志學館大学名誉教授，現在に至る
2004年　WEF 日本賞（世界新教育学会）
2018年　歴史大賞功労賞（選考委員長所功氏）
現　在　鹿児島県文化協会顧問
　　　　静岡県松本亀次郎顕彰会顧問
　　　　霧島市薩摩義士顕彰会長

〔現住所〕
〒899-6405　鹿児島県霧島市溝辺町崎森2731-5

中国人留学生の父・松本亀次郎研究
　―その学問観と教育実践を中心として―

2021年3月16日　第1版第1刷発行

著者　二　見　剛　史

発行者　田　中　千　津　子　　　〒153-0064　東京都目黒区下目黒3-6-1
　　　　　　　　　　　　　　　　電話　03(3715)1501(代)
発行所　株式　学　文　社　　　FAX　03(3715)2012
　　　　会社　　　　　　　　　　https://www.gakubunsha.com

印刷　新灯印刷

©2021 FUTAMI Takeshi Printed in Japan
乱丁・落丁の場合は本社でお取替えします。
定価はカバーに表示。

ISBN978-4-7620-3085-7